COCOCORO大西哲也の

神だれ
無限
レシピ

COCOCORO大西哲也

大和書房

はじめに

料理をつくるうえで、いちばん大切なのは“味”であることは間違いありません。では、味をキメるために手っ取り早いものは何かというと、それは「たれ」や「ソース」といった調味するものです。

現代はさまざまな「たれ」がスーパーにずらっと並んで売られており、「自分でたれをつくるなんて……」と思うかもしれません。ご家庭の冷蔵庫にはきっと、めんつゆや焼肉のたれ、餃子のたれ、冷やし中華のたれ、すき焼きのたれなどがひしめき合っているのではないでしょうか。しかし、使いきれずに賞味期限を迎えてしまう……ということもよくあること。たれたちを流しに捨てているときの気持ちはなんともやりきれないものです。

市販品は、老若男女《ろうにゃくなんにょ》を問わず万人にウケる味を目指しているものが多く、どうしてもお店のような味にはなりにくいように感じます（家庭の味は家庭の味で素晴らしいので、市販のたれでつくった料理も大好きですけど）。

僕がプロになる前、ただの料理好き男子だった頃、「基本的な調味料を組み合わせれば、さまざまなたれを自分好みにつくれるのではないか」と思い立ち、以後たれを自作するようになりました。それからは使う分のたれを少量つくり、余ったら他の料理に応用し、そうして料理のレパートリーを増やしてきました。

プロになった今でも、そのやり方は変わりません。料理の完成をイメージし、食材ごとの特性を活かしながら、絶妙な量で調味料を配合してたれをつくり、味つけをしていきます。そうしてある程度のたれの仕込みをしておくことで、料理を提供するスピードを上げたり、豊富なメニューをつくり出したりしているのです。

本書でご紹介するたれやソースは、「得意料理はたれ」と昔から豪語《ごうご》してきた僕が長年研究し、『料理うまいBAR COCOCORO』でも使い、お客さんの胃袋をつかんで破壊しまくっているレシピです。

なんだか味が単調になってしまう、いつも似たような味つけになってしまう、ひと味足りない料理になってしまうという方には、ぜひとも使っていただきたいたれやソースたち。また、料理のレパートリーが増えない、どうやって増やせばいいかわからない方も、たれやソースを中心にさまざまな料理をつくれるように構成しております。このたれやソースさえあれば簡単につくれるものばかりなので、飛躍的《ひやくてき》にレパートリーが増えるはずです。

慣れてきたら、スパイスや調味料を追加したり、分量を変えて自分好みのたれやソースをつくったり、自由な発想でさまざまな料理に応用していってください。どのたれやソースも可能性は無限大です。

ぜひ台所に一冊。あなたのQOL（クオリティオブ料理ライフ）の向上にひと役買いたい『神だれ∞レシピ』を、使い倒していただけたら本望です。

大西哲也

神だれ∞《無限》の方程式
料理に魔法をかける十二神たち

この世にたれは無限に存在しますが、本書では、唯一《ゆいいつ》無《む》二《に》の、和・洋・中・エスニックに幅広く使える「基本の黄金だれ」8種と、専門店レベルを越えそうな勢いの、本格的な「ガチ勢向け上級だれ」4種を紹介。さらに、それらを使った料理の数々をお伝えします。

8つの基本の黄金だれ

味つけしょうゆだれ
▶ P.10

万能味噌だれ
▶ P.24

絶品ねぎ塩だれ
▶ P.40

極上
デミグラスソース
▶ P.52

濃厚
トマトソース
▶ P.66

中華甘酢じょうゆだれ
▶ P.78

本場サルサソース
▶ P.90

優秀スイートチリソース
▶ P.100

料理は「酸味」「苦味」「甘味」「辛味」「塩味」「うま味」の六味のバランスが取れてはじめておいしくなります。しょうゆ、味噌などの調味料単体では塩味が際立ちすぎて、料理全体のバランスがくずれてしまいがち。本書で紹介するたれやソースたちは、単体の調味料では足りないところや際立ちすぎてしまう部分を、他の調味料や食材と組み合わせることでバランスを調整しました。まずは手軽さと万能性が高い「基本の黄金だれ」を。

4つのガチ勢向け上級だれ

「普通の家庭料理なんてもうマスターしたぜ」「それよりも友人や家族にドヤれるハイレベルな料理をつくりたい」という方のためにご用意したのが、「ガチ勢向け上級だれ」です。家庭ではあまり使わない珍しい調味料や香辛料を使い、僕の理論と独創性を詰め込んだたれやソースたち。家族や招いた友人たちから、「こんなの家で出てきたらヤバいでしょ」と評価され、褒められる楽しみを存分に味わってください。

本格よだれ鶏のたれ
▶ P. 112

絶妙タルタルソース
▶ P. 118

激ウマ自家製マヨネーズ
▶ P. 130

最強バルサミコソース
▶ P. 124

CONTENTS

本書の使い方

【材料について】

■野菜類は、特に記載がない場合、皮をむくなどの下処理をすることを前提としています。

■酒は「清酒」と「料理酒」がありますが、本書では清酒を使っています。料理酒には塩分が入っているため、レシピの分量でそのままつくると仕上がりの味が変わってしまいます。ぜひ清酒を使ってください。

【保存期間について】

■たれやソースに記載している保存期間は、あくまで目安です。食材や調理器具、保存容器の状態、気温や湿度などで大きく変わるので、においや味を確認しながら使用し、なるべく早く使いきってください。

【分量について】

■主な食材の分量の目安です。

食　材	目安量	
鶏肉（もも・むね）	1枚	250～260g
玉ねぎ	1個	180～200g
にんじん	1本	200g
トマト	1個	200g
ピーマン	1個	30～40g
パプリカ	1個	150g
ズッキーニ	1本	200g
きゅうり	1本	100g
なす	1本	80g
キャベツ	1個	1200g
大根	1本	900～1000g
ごぼう	1本	150g
れんこん	1節	180g
長ねぎ	1本	100g
にんにく	1片	5～6g
しょうが	1片	10g

■「少々」は「全体にまぶす程度」です。

■水溶き片栗粉は、片栗粉と水を1：2の割合で混ぜた分量を表記しています。

■調味料やスパイスはものによって味や風味が違うため、分量はあくまでも目安です。味見をして調整してください。

■料理のできあがりの分量はおおよその目安です。

【時間や温度について】

■できる限り正確さを心がけていますが、加熱時間、加熱温度、火加減についてはあくまでも目安です。加熱前の食材の温度、使っている調理器具の熱効率、コンロの火力の違いなどで仕上がりが変わってくるので、厨房環境に応じた調理が必要です。

■オーブンについても、温度、焼き時間、焼き上がりの具合は機種によって異なります。様子を見ながら調節してください。

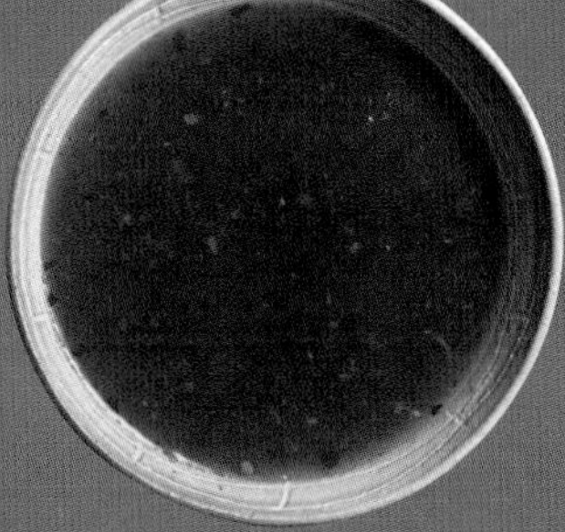
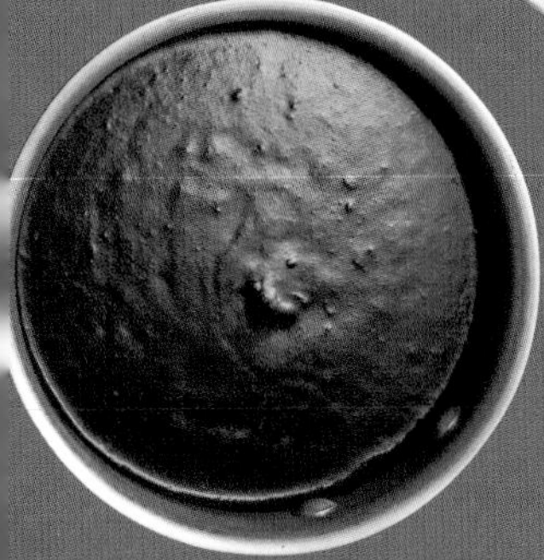

8つの基本の黄金だれ

しょうゆ、味噌、塩、酢などのおなじみの調味料や
ごま油、オリーブ油などの使い慣れたオイルを使い、
知っている味に近いけれど新しい味に出合えるたれ、
トマトやデミグラスソースなど万人ウケするソース、
サルサやチリソースなど小さな挑戦ができるソースなど、
守備範囲の広いたれやソースを考案しました。
これらを賢くストックしておけば、
日々の料理の味もすぐキマるし、
料理のバリエーションが広がること間違いなしです。

味つけし

ょうゆだれ

「何をつくってもめんつゆの味」を卒業しよう

しょうゆは日本が生み出した素晴らしい発酵調味料。塩味とうま味、独特の風味が重なり合い、とてもおいしい調味料です。しょうゆをベースにしたこの「味つけしょうゆだれ」は、日本料理の合わせ調味料「煮切りじょうゆ」の考えをヒントにつくりました。みりんと日本酒をしっかり煮て、アルコール分を飛ばしてからしょうゆを加えたものが「煮切りじょうゆ」。酒とみりんの香り、うま味、甘味を加えることで、しょうゆの強い香りや塩味がまろやかになり、素材の味がより活かされる万能じょうゆです。さらに、大西流の味つけしょうゆだれは、玉ねぎと昆布でうま味を追加。和洋中ジャンルを問わず、バッチリ味がキマる料理に仕上げることができます。

材料を見ると「めんつゆ？」と思うかもしれませんが、味の奥深さは雲泥《うんでい》の差。これさえあれば、家の和食が料亭の味に！　家族が「おいしい」とうなる魔法のしょうゆだれです。

◎材料（できあがり分量450cc）

玉ねぎ…30g（1/6個）
だし昆布…3g（10㎝くらい）
濃口しょうゆ…300cc
みりん…100cc
酒…100cc

◎つくり方

1 鍋にみりんと酒を入れて中火にかけ、沸騰させてアルコール分を飛ばしたら火を止める。

2 しょうゆを加えて再び火にかけ、ひと煮立ちさせたら密閉保存容器に移す。

3 薄切りにした玉ねぎと昆布を加え、ひと晩寝かせたらできあがり。

【保存期間の目安】
密閉保存容器に入れて冷蔵庫で２週間

大西ロジック

しょうゆの風味を活かすために、しょうゆは火を止めた状態で加えます。しょうゆを一緒に煮詰めると、香りは多少飛びますが、カドが取れた風味となります。お好みに合わせて。

まずはそのまま

まずは、食材にシンプルにかけて食してみてください。
こんなにまろやかで甘味があるなんて、いつものしょうゆとは全然違う！　きっとそんな実感をしてもらえるはずです。

納豆

塩味はほどよく、ほんのり甘い
納豆のうま味をアップ

付属のたれは塩味が強いと感じる人はぜひ試してほしい。昆布のうま味と甘味がきいていて、やさしい味わいに。大葉や万能ねぎなどの薬味、からしを入れると、さらにおいしさが増し、ごはんが止まらなくなること必至。

刺身

お寿司屋さんや料亭の
おいしい刺身をご家庭で

お寿司屋さんや料亭の刺身がおいしいのは、魚だけではなくしょうゆにも秘密が。しょうゆだけでは塩味やえぐみが強いので、煮切った酒とみりんでうま味、甘味をプラスしているお店が多いのです。この味わいをご家庭で。

のり

ごはんやおもちにも
欠かせない存在

ほんのり甘く、うま味のある味つけしょうゆだれを、のりにちょっとつけてごはんを巻いていただく、自家製味つけのり。シンプルだけど最強のお供です。おもちに巻いて磯辺焼きにしたり、のり弁にしたりしてもおいしい。

漬けるだけ! 江戸前の技をご家庭で

カツオのにんにくじょうゆ漬け

◎材料(2人分)

カツオ(皮目をあぶったさく)…200g
にんにく…3g(1/2片)
しょうが(薄切り)…2g(1枚)
味つけしょうゆだれ…適量

玉ねぎ…適宜
大葉…適宜
みょうが…適宜
万能ねぎ…適宜
しょうが…適宜

◎つくり方

1　キッチンペーパーを水で湿らせたら絞り、カツオを包む。

2　密閉保存容器に1を入れ、味つけしょうゆだれをかける。容器の中で転がし、まんべんなく染み込ませる。

3　薄切りにしたにんにくとしょうがを2の上にのせ、ふたをする。冷蔵庫に30分〜2日おく。

4　3を食べやすい大きさに切り、器に盛る。お好みで薄切りの玉ねぎ、大葉、細切りにしたみょうが、小口切りにした万能ねぎ、すりおろしたしょうがを添えたら完成。

MEMO

浅い漬かりがお好みなら、漬け時間を短くしてさっぱりと。長ければ長いほどしっかり漬かり、味も染み込みます。お好みで漬け時間を調整してください。また、カツオ以外にも刺身用のマグロ、サーモン、イカなども相性はバツグン。余った刺身を漬けても◎。

大西ロジック

表面を火であぶった刺身用のカツオを漬けにするのは、お寿司屋さんがよく使うテクニック。キッチンペーパーで包んで、あえて味が入りすぎないようにしています。また、形がくずれず見た目も美しいので、寿司ネタにも使いやすいです。

『TERIYAKI』は万国共通語
家庭から世界へ It's COOL JAPAN！

若鶏の照り焼き

◎材料（1人分）

鶏もも肉…130g（1/2枚）

A
- 味つけしょうゆだれ…30cc（大さじ2）
- 砂糖…5g（小さじ2弱）

サラダ油…15cc（大さじ1）

MEMO

照り焼きハンバーグもいいですね。味つけしょうゆだれに砂糖を合わせることで、絶妙な照り焼きだれに。世の中のさまざまな食材を照り焼きにして、全部ごはんに合うようにしちゃいましょう。メカジキ、カツオ、マグロなどでもおいしくいただけます。

◎つくり方

1. 鶏肉は全体の厚みが均等になるように観音開きにし、余分な脂や軟骨を取り除く。
2. フライパンを中火で熱し、サラダ油をひく。1の鶏肉を皮目からフライパンに入れ、皮がそらないようにヘラで押さえながら焼き色がつくまで焼く。
3. 2を裏返し、混ぜ合わせたAを加える。鶏肉にかけながら煮詰めたら完成。

大西ロジック

鶏肉の表面に焼き色をつけて香ばしさを生み出す「メイラード反応」は、他の料理でも使える技なのでぜひマスターしましょう。皮目はしっかりパリッと焼き、裏は軽く火を通すぐらいでジューシーに仕上げるのもポイントです。

甘×醤×魚=米×∞《無限》

サンマの蒲焼《かばや》き

◎材料（1人分）

サンマ…1尾
小麦粉…適量
A　味つけしょうゆだれ…15cc（大さじ1）
　　砂糖…5g（小さじ2弱）
サラダ油…15cc（大さじ1）

MEMO

サンマは切り身でもいいのですが、一尾丸ごと買ってきたほうが鮮度が高く保たれます。余った中骨は、揚げておせんべいにしてもよし。サンマ以外にも、イワシやサバでもおいしくできあがります。すだちや大葉も一緒に添えると、よりグレードアップ。

◎つくり方

1　サンマを尾から頭に向かって包丁の背で軽くこすり、ウロコやぬめりを取り除く。

2　胸ビレごと頭を切り落とし、腹を切って内臓を取り除く。流水で洗い、キッチンペーパーで水気を拭き取る。

3　腹に包丁を入れ、中骨に沿って3枚におろす。半身を半分に切り、小麦粉を振る。

4　フライパンを中火で熱してサラダ油をひき、3を皮目から焼く。

5　焼き色がついたら裏返し、混ぜ合わせたAを加える。菜箸でサンマを転がしながら煮詰めたら完成。

大西ロジック

サンマの表面に小麦粉を振ることで、加熱しても身がくずれにくくなるのと同時に、たれが絡みやすくなります。メイラード反応も発生しやすくなるので、おいしさ倍増。他の料理にも応用してみてください。

またたく間にお釜が空になる

アサリの炊き込みごはん

◎材料（3～4人分）

米…500g
アサリ（水煮）…130g（1缶）
にんじん…50g（1/4本）
ごぼう…150g（1本）
しいたけ…4個
味つけしょうゆだれ…80cc

◎つくり方

1 米は研いでザルに上げる。

2 にんじんは細切りに、ごぼうは斜め薄切りにして水にさらす。しいたけは軸を取って薄切りにする。

3 炊飯釜に米、アサリの水煮（汁ごと）、2、味つけしょうゆだれを入れ、総重量1250gになるまで水（分量外）を加えたら炊飯する。

4 炊き上がったら、米をつぶさないようにざっくり具材を混ぜ合わせる。

MEMO

珍味の乾燥アサリが手に入ったときに、実家の母がつくっていた炊き込みごはんがおいしかったことを思い出し、その記憶をもとにつくりました。アサリ以外にも、干し貝柱、赤貝や焼き鳥の缶詰などで代用してもおいしく炊けます。

大西ロジック

アサリやしいたけにはうま味成分が含まれているので、その掛け合わせでW《ダブル》のうま味が生まれます。さらに、ごぼうの香味成分で深みとコクが生まれ、シンプルながら滋味《じみ》深いおいしい炊き込みごはんになります。

食卓にこれが出てきたらひと目惚れ

舞茸とベーコンの和風パスタ

◎材料（1人分）

パスタ…100g
ベーコン…20g
舞茸…50g（1/2パック）
にんにく…5g（1片）
赤唐辛子（輪切り）…小さじ1
味つけしょうゆだれ
…20cc（大さじ1と1/3）
オリーブ油…15cc（大さじ1）

万能ねぎ…適量
白炒りごま…適量
のり…適量

◎つくり方

1　ベーコンは拍子木切りに、舞茸は石づきを取ってほぐす。にんにくはみじん切りにする。

2　鍋に塩分1%の湯を沸かし、パスタを表示通りにゆでる。

3　フライパンにオリーブ油、ベーコン、にんにく、赤唐辛子を入れて弱火にかける。にんにくが色づいてきたら、舞茸、味つけしょうゆだれ、パスタのゆで汁30ccを加えて炒め合わせる。

4　3に湯切りしたパスタを加えて絡める。器に盛り、小口切りにした万能ねぎ、ごま、ちぎったのりをトッピングしたら完成。

MEMO

工程3で、ゆでたパスタを一緒に加えて炒めても◎。トッピングに、粉チーズやタバスコを振ってもおいしいです。昔よく通った喫茶店で食べた、懐かしい雰囲気の和風パスタを思い出してつくったレシピです。

大西ロジック

パスタをゆでるときは味噌汁ぐらいのしょっぱさの湯で。湯の量に対して1％の塩（水2ℓに対して塩20g）を入れ、パスタ自体にしっかり味をつけることが大切。パスタにきちんと塩味がついていることで、味にまとまりが出ます。

煮物の基本を簡単に

おふくろの味の筑前煮

◎材料（4人分）

鶏もも肉…260g（1枚）
にんじん…200g（1本）
大根…300g（1/3本）
ごぼう…150g（1本）
れんこん…180g（1節）
たけのこ（水煮）…100g
絹さや…適量
しいたけ…4個
こんにゃく（アク抜き済み）…250g（1丁）
A
　味つけしょうゆだれ…150cc
　酒…200cc
　水…300cc
サラダ油…15cc（大さじ1）

MEMO

福岡県の北部・西部地域の郷土料理。特徴は、ごった煮にするのではなく、鶏肉や根菜類をあらかじめ油で炒めてから煮ること。煮物は難しい……と思っている方が多いかもしれませんが、味つけがしっかりキマっていればほとんど失敗することはありません。ぜひチャレンジしてみてください。

◎つくり方

1 にんじん、大根、ごぼう、たけのこは乱切りにし、ごぼうは水にさらす。れんこんは5㎜幅の輪切りにして酢水（分量外）にさらす。しいたけは軸を取って四つ割りにする。こんにゃくは両面に格子状に切り目を入れ、ひと口大に切る。

2 鶏肉は全体の厚みが均等になるように観音開きにし、余分な脂や軟骨を取り除く。

3 フライパンにサラダ油を熱し、2の鶏肉を皮目から焼く。焼き色がついたら裏返して両面焼き、取り出してひと口大に切る。

4 3のフライパンでにんじん、ごぼう、れんこんを炒め、全体に油が回ったら大根、たけのこ、しいたけ、こんにゃくを加えて炒め合わせる。

5 野菜全体に油が回ってしんなりしたら、混ぜ合わせたAを加える。沸騰したらクッキングシートで落としぶたをし、具材がやわらかくなるまで10分煮込む。

6 落としぶたを取り、3の鶏肉を戻し入れる。全体を混ぜ、煮汁が1/3量になるまで10～15分煮詰める。

7 器に盛り、軽く湯通しした絹さやを添えたら完成。

大西ロジック

鶏肉の皮目に焼き色をつけると、メイラード反応によりおいしくなります。野菜は、しっかり炒めて野菜の水分を飛ばすことで、その後に加えた調味料の味が入りやすくなり、しっかり煮詰めることでうま味が凝縮します。

まだまだある!!

甘辛いしょうゆ味のたれは、和食の基本中の基本の味つけなので、アレンジも自由自在。煮ても、かけても、和えてもおいしくいただけます。

1

ARRANGE

焼肉のたれやつゆにアレンジ

焼肉のたれやめんつゆのベースにもなる、この味つけしょうゆだれ。焼肉のたれの場合は、すりおろしたにんにくやしょうが、ごま油やはちみつ、少し辛味が欲しければ豆《トウ》板醤《バンジャン》を入れると絶品に！　味つけしょうゆだれ100 ccに対して各小さじ1/2くらいが目安、あとはお好みで。

めんつゆとしても使えるので本当に万能。味つけしょうゆだれに砂糖を少し煮溶かして、だし汁を入れるだけ。砂糖は、あればざらめがおすすめです。そばつゆなら1：5、つけだれなら1：4を目安に、味つけしょうゆだれとだし汁を合わせるとちょうどいい塩梅《あんばい》に。

2

ARRANGE

お浸しに

軽く湯通しした青菜や大根、かぶの葉、素揚げしたなすを浸すのに最適です。その際は、味つけしょうゆだれを5〜7倍くらいの水で割り、ひと煮立ちさせたら具材を浸します。密閉保存容器に具材とともに入れておけば、お浸しの完成です。写真は、小松菜と油揚げのお浸し。油揚げが味つけしょうゆだれのうま味を吸って、ふっくらとした仕上がりに。

また、大根の葉やかぶの葉は、刻んで味つけしょうゆだれで煮詰めればふりかけにもなるので、どんどんレパートリーが広がります。つくりおきおかずにもいいし、お弁当やあと一品欲しいなというときにも重宝します。

3

ARRANGE

煮物という煮物に

とにかく煮物全般に合うのでぜひ使ってほしい。今まで市販のめんつゆを使っていた方、味つけしょうゆだれにぜひチェンジを！　肉じゃがや豚の角煮などの肉料理でも、ブリ大根や煮魚などの魚料理でも、このたれさえあれば一発で味がキマります。しかも料亭のような深みのある味になるので、味がどうもキマらないという人にとっては救世主です。

肉や魚と、野菜を使って具だくさんの煮物をつくる際のポイントは、肉は肉（魚は魚）、野菜は野菜で火入れをして最後に合わせること。さらにしっかり煮詰めることで、具材にたれの味がしみしみに。

4

ARRANGE

漬けるだけ、かけるだけ

味つけ卵の漬けだれにも活躍します。湿らせたキッチンペーパーでゆで卵を包み、密閉保存容器に入れます。キッチンペーパーに味つけしょうゆだれを含ませ、数時間おくだけで完成です。直接たれに漬け込むと、卵が隠れるほどの量が必要になりますが、キッチンペーパーに含ませれば少量でまんべんなく漬かります。ゆで卵が熱いうちにつくると、白身の部分にしっかりと味が入るので、ベストタイミングを逃さないで！

また、焼き魚、目玉焼き、刻んだ長いもにかけるのも美味。長いもには、梅肉や刻んだ大葉なども合わせると、たまらない逸品になります。

万能

酵素と発酵の力で“サイキョウ”の味噌だれ

味噌汁以外の味噌を使った料理をつくれたら、もうあなたは料理中級者です。

白味噌を使ってつくるこのたれは、和食の料理人がさまざまな料理で使う“西京味噌”の簡易版です。味噌にみりんや酒、砂糖を加えることで甘味とうま味が加わり、いろんな料理との相性がよくなります。

さらに、味噌にすみついている麹菌は、たくさんの酵素を生成する働き者。酵素はたんぱく質を分解する働きがあって、食材をやわらかくしたり、うま味成分を引き出したりしてくれるのです。そして、ご存じの通り発酵食品でもある味噌は、健康にもよく、まさに“最強”の調味料。また、味噌というと和食のイメージがあるかもしれませんが、甜麺醤《テンメンジャン》の代わりとして回鍋肉《ホイコーロー》や麻婆豆腐などの中華料理にもよく合います。

◎材料（できあがり分量300g）

白味噌…200g
みりん…50cc
酒…50cc
砂糖…50g

◎つくり方

1 鍋にみりん、酒、砂糖を入れて中火にかけ、アルコール分を飛ばしながら1/2量くらいになるまで煮詰める。

2 火を止めて味噌を加え、木ベラで混ぜ合わせる。ゆるければ弱火にかけ、粘度が出るまで煮詰める。

【保存期間の目安】
密閉保存容器に入れて冷蔵庫で3週間

大西ロジック

みりん、酒、砂糖をしっかり煮詰めることで味が凝縮するうえに、適度な粘度が出て料理に使いやすくなります。味噌は焦げやすく、長時間加熱すると風味が飛んでしまうので、最後に加えるのがベスト。

味噌だれ

まずはそのまま

野菜や豆腐など素材の味が活きる食材、かまぼこなどの加工食品にかけるだけでおいしさアップ。万能味噌だれは、食材のうま味を引き出す天才です。

野菜スティック

**ほどよい甘味が
野菜をおいしくしてくれる**

居酒屋メニューの定番を自宅でも！　味噌だけだと塩味が強く感じるけれど、このたれにはみりんや砂糖などの甘味が加わっているので、野菜をさらにおいしくいただけます。マヨネーズ、からし、クリームチーズ、七味などと合わせても◎。バリエーションが広がります。

冷奴《ひややっこ》

**豆腐の甘味や豆の風味を
引き出してくれる実力派**

冷奴はしょうゆをかけるだけだと単純だし、味噌だけだと塩味が強すぎてうま味がなく、物足りない味つけに。このたれなら甘味とうま味がしっかりきいているので、豆腐のおいしさを引き出してくれます。ペースト状なので、豆腐に絡みやすいのも特長。

かまぼこ

**塗って焼くだけで
即席西京焼きが完成**

魚のすり身であるかまぼこと、味噌との相性はバツグン。ペースト状になった万能味噌だれを、かまぼこの表面に塗って軽くあぶるだけで、即席西京焼きのできあがりです。ちくわや野菜と一緒に盛って、万能味噌だれをディップとして使っても激ウマです。

早い! 安い! ウマい! 冷凍可能!

肉味噌のレタス巻き

◎材料(2人分)

豚ひき肉…200g
レタス…数枚
万能味噌だれ…40g(大さじ2強)
サラダ油…15cc(大さじ1)

◎つくり方

1 フライパンを強火で熱してサラダ油をひき、ひき肉を木ベラでほぐしながら炒める。

2 ひき肉に焦げ目がついたら弱火にし、万能味噌だれを加えて軽く炒める。

3 器に盛り、レタスを添えたら完成。レタスで肉味噌を巻いていただく。

MEMO

ごはんにのせたり、野菜炒めに加えたり、麻婆なすや麻婆豆腐に入れたり……と、使い勝手がよくて守備範囲が広い肉味噌! 冷凍保存もできるので、ストックしておくと便利です。僕は納豆ともやし炒めに入れるのが好きです。

大西ロジック

ひき肉から脂が大量に出る場合は、キッチンペーパーで脂を拭き取ってから万能味噌だれを加えるといいでしょう。肉の臭みもなくなるし、脂っぽさも防げます。ひき肉にはしっかり焦げ目をつけ、うま味を引き出して!

本格中華理論で肉やわらかく、野菜シャキッと!

豚肉とキャベツの味噌炒め

◎材料(2人分)

豚バラ薄切り肉…120g
キャベツ…150g(1/8個)
長ねぎ(白い部分のみじん切り)
…大さじ1
にんにく…5g(1片)
しょうが(薄切り)…2g(1枚)
万能味噌だれ…30g(大さじ1と2/3)
七味唐辛子…小さじ1/2
サラダ油…15cc(大さじ1)

◎つくり方

1 豚肉はひと口大に切り、キャベツはひと口大にちぎる。にんにくは薄切りに、しょうがは千切りにする。

2 フライパンを中火で熱し、サラダ油をひく。豚肉を焼き色がつくまで炒めたら取り出し、キャベツを炒めて少ししんなりしたら取り出す。

3 2のフライパンの余分な油をキッチンペーパーで軽く拭き取り(小さじ1残る程度)、弱火にかけてにんにくとしょうがを炒める。

4 香りが立ったら強火にし、2の豚肉とキャベツを戻し入れ、長ねぎ、万能味噌だれ、七味唐辛子を加えて炒め合わせたら完成。

MEMO

豆板醤や甜麺醤を使って甘辛に仕上げる本場の回鍋肉を、和風にアレンジしました。なじみのある味噌を使ってほんのり甘く、やさしい味わいに。キャベツの甘味も引き立ちます。仕上げには山椒やラー油をかけてもOK。

大西
ロジック

面倒でも肉、野菜、薬味は別々に炒めること! 野菜はシャッキリ、肉はやわらかく仕上がります。それぞれ火が入る時間が違うので、一緒に炒めてしまうと野菜から水分が出てくたくたになり、豚肉はかたくなってしまいます。

米泥棒がいます! おまわりさんこっちです!

豚ロース肉の味噌漬け焼き

◎材料(1人分)

豚ロース肉(とんかつ用)…1枚
万能味噌だれ…20g(大さじ1強)
サラダ油…15cc(大さじ1)

キャベツ…適宜

◎つくり方

1 豚肉の脂身と赤身の境目に切り込みを入れる。キッチンペーパーを水で湿らせたら絞り、豚肉を包む。

2 1に万能味噌だれをまんべんなく塗り、ラップで包んでひと晩おく。

3 フライパンにサラダ油を熱し、ラップとキッチンペーパーを外した2の豚肉を1分焼く。

4 焼き目がついたら裏返して弱火にし、ふたをして4分焼く。こんがり焼き目がついたら器に盛る。お好みで千切りにしたキャベツを添える。

MEMO

味噌の酵素がたんぱく質を分解してくれるので、肉がやわらかく仕上がります。また、味噌に含まれるアミノ酸にはうま味を引き出す効果も! 豚肉の代わりに鶏肉や牛肉でもおいしく仕上がり、ごはんが何杯でも食べられるおかずに。

大西ロジック

豚肉の脂身と赤身の境目に3、4か所、縦に切り目を入れることで、肉が縮んでかたくなるのを防ぎます。万能味噌だれに漬けたことによって焦げやすくなっているので、火加減には気をつけましょう。

はんなりと、お食べやす

銀ダラの西京焼き

◎材料（1人分）

銀ダラ（切り身）…1切れ
万能味噌だれ…20g（大さじ1強）

MEMO

銀ダラ以外にも、ブリ、サワラ、太刀魚《たちうお》、サケ、サバなどでも美味。また、万能味噌だれにゆずの皮や粉チーズを合わせても。付け合わせは甘酢に漬けたみょうがが、大葉、木の芽などが相性バツグンです。

◎つくり方

1 キッチンペーパーを水で湿らせたら絞り、銀ダラを包む。

2 1に万能味噌だれをまんべんなく塗り、ラップで包んでひと晩おく。

3 トースターで皮目がパリッとするまで8分焼いたら完成。魚焼きグリルで焼いてもOK。

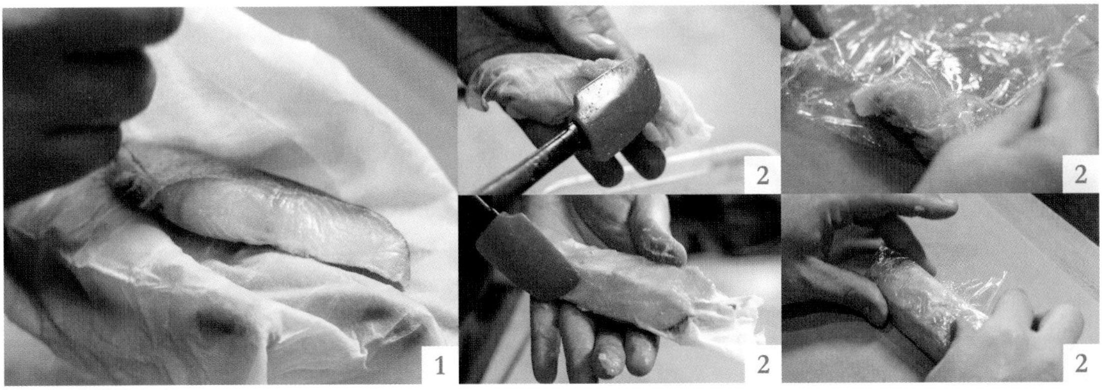

大西ロジック

たれによる味つけだけではなく、味噌に含まれる酵素の力で魚のうま味を引き出してくれます。キッチンペーパーで包むと、ムラなくきれいな仕上がりになりますが、直接つけて味噌だれごと焼いてもおいしいです。

花嫁修業の卒業課題

サバの味噌煮

◎材料（2人分）

サバ…半身
しょうが（薄切り）…4g（2枚）
万能味噌だれ…40g（大さじ2強）
みりん…15cc（大さじ1）
酒…15cc（大さじ1）
塩…適量
水…150cc

白髪ねぎ…適宜
しょうが…適宜

MEMO

下処理を丁寧にして、サバには火を入れすぎないことが、“サバ味噌パサパサ事件”を回避するための秘訣《ひけつ》です。また、煮汁をいったん取り出す理由は、味噌をしっかり溶かすことと、サバや味噌のカスを取り、なめらかな味と食感にするためです。

◎つくり方

1 サバの両面に薄く塩を振り、10分おいて水分を出す。

2 皮目を上にしてキッチンペーパーをかぶせ、静かに熱湯（分量外）をかける。

3 キッチンペーパーを外し、サバの皮目に1㎝深さの十字の切り目を入れる。

4 鍋にしょうが、みりん、酒、水を入れて火にかけ、沸騰させる。

5 皮目を上にしてサバを入れ、スプーンで湯を何度かかけながら軽く火を入れる。

6 クッキングシートで落としぶたをし、煮汁が半分くらいになるまで中火で5分煮詰める。

7 ボウルに万能味噌だれを入れる。6の煮汁（全量）を加えてよく混ぜて溶かし、目の粗いザルで濾《こ》しながら鍋に戻し入れる。

8 サバに煮汁をかけながら、粘度が出るまで中火で3分軽く煮詰める。器に盛り、お好みで白髪ねぎと千切りにしたしょうがをのせたら完成。

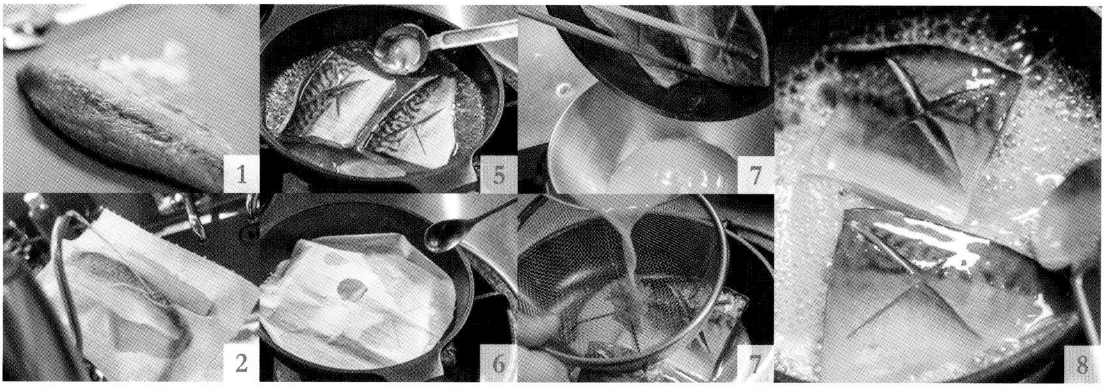

大西ロジック

サバに塩を振って余分な水分と臭みを出し、熱湯の湯霜《ゆしも》で余分な脂肪分とぬめりを取り除きます。キッチンペーパーで覆うのは、急激な火入れで皮が破けるのを防ぐため。味噌は加熱で風味が飛ぶので、煮詰めた煮汁に混ぜること。

食卓を豊かにする“名脇役”

タコとワカメの酢味噌和え

◎材料(1人分)

ゆでダコ…50g
きゅうり…25g(1/4本)
塩蔵ワカメ…30g(水で戻した状態で)
A 万能味噌だれ…30g(大さじ1と2/3)
A 米酢…15cc(大さじ1)

◎つくり方

1 タコはぶつ切りに、ワカメは適当な大きさに切る。

2 きゅうりを薄切りにし、軽く塩(分量外)を振って5分おいたら、キッチンペーパーで包んで水気を切る。

3 ボウルにAを入れて混ぜ合わせ、1と2を和えたら完成。

MEMO

タコ以外に、マグロやカツオ、イカなどのお刺身や、ホッキ貝、赤貝などを和えてもおいしくいただけます。万能味噌だれは和えてもいいし、かけても◎。仕上げに刻んだゆずの皮をのせると香り豊かな一品に。

大西ロジック

酢は米酢ではなくてもOK。酸味の種類によって味わいの変化が楽しめます。穀物酢にすればさっぱりといただけるし、酢のツンとした感じが苦手な人はレモン汁でも。やさしくフルーティーな味わいになります。

味噌のあんで未知のウマさに!

ゆずこしょう香る和風の麻婆豆腐

◎材料（2人分）

豆腐…300g（1丁）
長ねぎ…100g（1本）
しょうが…5g（1/2片）
水溶き片栗粉…適量（片栗粉大さじ1、水大さじ2）

A
万能味噌だれ…30g（大さじ1と2/3）
顆粒鶏ガラスープの素…10g（大さじ1強）
水…400cc

ゆずこしょう…10g
サラダ油…30cc（大さじ2）

◎つくり方

1　豆腐は水切りをし、1.5㎝角に切る。長ねぎは乱切りに、しょうがはみじん切りにする。

2　フライパンを熱してサラダ油15ccをひき、長ねぎに焼き色がつくまで炒める。しょうがを加え、全体を合わせるように軽く炒める。

3　合わせたAを加えてひと煮立ちさせ、豆腐を加えて3分煮込む。

4　火を止めてゆずこしょうと、水溶き片栗粉を2回に分けて加え、スープを混ぜながらとろみをつける。サラダ油15ccを鍋肌から回し入れ、強火で1分煮込んだら完成。

MEMO

近所に料理自慢の居酒屋さんがあるのですが、そこの大将がつくってくれた、肉なしの麻婆豆腐のおいしさに感動！　どうしても再現したくて、試行錯誤《しこうさくご》の末完成させました。味噌とゆずこしょうの組み合わせで、見事な和風麻婆豆腐のできあがり。

大西ロジック

長ねぎはみじん切りではなく、あえて乱切りに。焼き色をつけることで外は香ばしく、中は甘くてやわらかい食感が楽しめます。ゆずこしょうは最後に入れて香りを活かします。ねぎ油やラー油を仕上げにかけても◎。

ほぼほったらかしで一目おかれる

ふろふき大根

◎材料（3～4人分）

大根…300g（茎側1/3本）
だし昆布…3g（10cmくらい）
万能味噌だれ…適量

◎つくり方

1　大根を3～4cm幅の輪切りにし、厚めに皮をむく。面取りをし、片面に十字に1/3程度の深さまで切り込みを入れる。

2　鍋に大根と昆布、大根がしっかりかぶるくらいの水（分量外）を入れて中火にかける。煮立ったら弱火にし、30～40分炊く。竹串がすっと通るまでやわらかくなればOK。

3　ボウルに万能味噌だれと2の煮汁少々を入れてよく混ぜ合わせ、とろみを調整する。

4　器に2の大根をのせ、3をかけたら完成。

MEMO

大根を煮るとき、米の研ぎ汁を使うことがあります。これは、大根から出たアクの再吸着を防ぐため。でも、大根が新鮮であれば、アクが少なく甘味が強いので、水で煮たほうが大根のおいしさが活きた仕上がりになります。

大西ロジック

大根は必ず水からゆでること。野菜の形をつくるペクチンという物質は約60°Cで固まるといわれていて、沸騰した湯からゆでると、この温度を通過せず煮くずれる心配が。また、面取りも煮くずれ防止と味を染み込ませるためです。

おまわりさん! 今度は酒泥棒です!

クリームチーズの味噌漬け

◎材料（2～3人分）

クリームチーズ…100g
万能味噌だれ…20g（大さじ1強）

◎つくり方

1　キッチンペーパーを水で湿らせたら絞り、クリームチーズを包む。

2　1に万能味噌だれをまんべんなく塗り、ラップで包んでひと晩おく。

3　2をサイコロ大に切ったら完成。

MEMO

キッチンペーパーで包んでから漬けるときれいに仕上がりますが、直接漬けて万能味噌だれごと食べてもおいしいです。また、水気をしっかり切った豆腐を漬けても、同じように濃厚でおいしく仕上がります。

大西ロジック

チーズと味噌はともに発酵食品なので相性はバツグン。万能味噌だれによって、適度に味つけされるのと同時に、水分が少し抜けて濃厚な味わいが楽しめます。日本酒にもワインにもよく合います。クラッカーに塗っても美味。

まだまだある!!

肉、魚、豆腐、野菜と、どんな食材とも相性のいい万能味噌だれは、和えても、煮ても、かけても、炒めても使える、まさに万能調味料！

1 ARRANGE

酢味噌和えにも、白和えにも

万能味噌だれと酢を2：1くらいの割合で混ぜると、酢味噌和えにするのにちょうどいい塩梅になります。写真のようにワカメなどの海藻と和えたり、クセの強いうどやわけぎと和えたりしてもおいしいでしょう。また、マグロやイカ、ブリ、アサリなどの魚介類とも相性が◎。

白和えにするにも便利なたれです。キッチンペーパーで包んで水切りをした豆腐を裏ごしして、万能味噌だれと混ぜ合わせて具材を和えます。具材はほうれん草やにんじん、こんにゃく、きのこ類などさまざまな食材を。あと一品足りない、そんなときに大活躍するたれです。

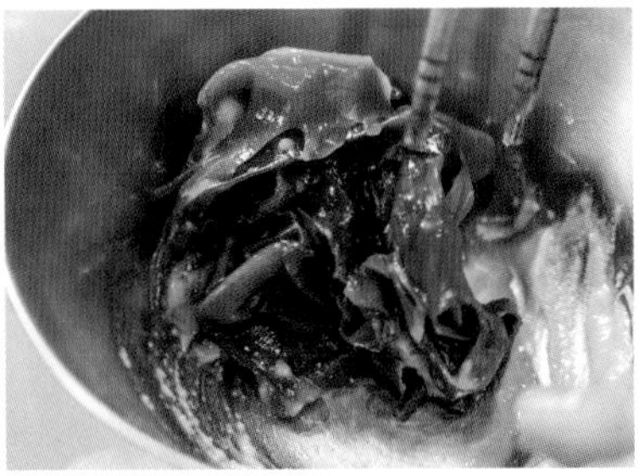

ARRANGE 2

煮込んで深みのある味に

味噌おでんというと、味噌で煮込む場合と味噌をつけて食べる場合の2パターンがあります。

だしのおでんもいいけれど、味噌で煮込むおでんもまた違った味わいでおいしい。だし汁に万能味噌だれを1～2割溶かし、市販のおでんだねを入れて煮込むだけで極上味噌おでんの完成です。

味噌だれとだし汁を合わせ、大根、にんじん、ごぼう、長ねぎ、豚肉、油揚げ、うどん、卵を入れた味噌煮込みうどんもオツ。仕上げに卵を割り入れれば完璧！　赤味噌を使うと、名古屋風おでんの本場感が出ます。

3 ARRANGE かけるだけで贅沢《ぜいたく》な逸品

ほどよく粘度があり、ほどよくのびるペースト状なので、素材にかけたり塗ったりするだけでも、万能味噌だれと素材がしっかり絡まります。

よく居酒屋のお通しにあるように、キャベツと付け合わせるのもアリ。焼いたなすやこんにゃく、しゃぶしゃぶ肉にかけるだけでもおいしくいただけます。

油と酢を適量混ぜて万能味噌だれをのばせば、ドレッシングにも。葉野菜のサラダにもぴったりで、とにかく使えるヤツなんです。

4 ARRANGE 肉や野菜を炒める

炒め物の調味料としても万能味噌だれは活躍します。肉なら、鶏肉でも豚肉でも牛肉でも相性はバッチリ。野菜はなすやキャベツ、もやし、きのこ類にも合います。少量のだし汁で溶いた万能味噌だれで炒めれば、肉や野菜とほどよく絡みます。このたれさえあれば一発で味がキマるので、忙しいときにさっとつくれる時短レシピには欠かせない存在。

肉野菜炒めのポイントは、肉と野菜を別々に炒めて、最後にさっと合わせること。肉を炒めてから野菜を加えると、肉の加熱時間が長くなってしまい、かたくなる原因に。野菜は短時間でさっと火を通すと、シャキシャキの食感に仕上がります。

絶品ねぎ

おいしいうえに、体にいい! 料理の味を引き立てる

長ねぎの白い部分をふんだんに使った、ねぎだくの「絶品ねぎ塩だれ」。白い部分は、先っぽの緑の部分に比べて香りが強くてやわらかく、甘味と適度な辛味があっておいしい。

ねぎ特有のツンとした辛味成分・硫化アリルは血行を促進させる作用があるので、むくみやすい人や冷え性の人には最適。また、ごはんなどの糖質を効率よくエネルギーに変えるビタミンB_1の吸収をサポートする働きもあるため、代謝を促進させるのになくてはならない存在です。おいしいだけではなく、美容にも健康にもいい長ねぎを味方につけないわけにはいかない! 長ねぎと塩、うま味調味料を混ぜているので、辛味、塩味、うま味の三拍子がそろっています。うま味調味料が苦手な人は、昆布茶や顆粒だしの素、鶏ガラスープの素を加えることで味のバランスのよいねぎだれになります。

◎材料（できあがり分量100g）

長ねぎ（白い部分）…100g（2本分）
うま味調味料…1g（小さじ1/4）
塩…1g（小さじ1/6）

◎つくり方

1 長ねぎをみじん切りにする。

2 ボウルに長ねぎを入れ、辛味が抜けるまで5～10分水にさらす。

3 布巾やキッチンペーパーでしっかり2の水気を切る。

4 ボウルにすべての材料を入れ、よく混ぜ合わせたら完成。

【保存期間の目安】
密閉保存容器に入れて冷蔵庫で3日間

大西ロジック

みじん切りにした長ねぎを長時間水にさらすと、硫化アリルが抜けて辛味とともに栄養効果も減ってしまいます。気になる方は、水にさらす時間を短くするか、空気に触れさせて辛味を抜きましょう。

塩だれ

まずはそのまま

香りが強く、辛味がきいた絶品ねぎ塩だれは、対照的な甘じょっぱい食べ物との相性がよく、互いのおいしさを引き出し合います。

ビン詰めのなめたけ＋大根おろし

大根おろしと合わせてさっぱり、なめたけにねぎのパンチがきく！

しょうゆや砂糖で甘辛く煮てあるなめたけは、大根おろしにのせることでさっぱりといただけます。これだけでも十分なのですが、ここに絶品ねぎ塩だれでアクセント。ほどよく塩味と辛味がきいて、一品で甘味や辛味、塩味、うま味などさまざまな味わいを楽しめます。

缶詰のカツオフレーク＋大根おろし

子どもの頃の感動をさらにバージョンアップ

子どもの頃初めて食べたとき、「こんなにウマいものが世の中にあるのか！」と感動したのがカツオフレーク。カツオのうま味と甘味を、長ねぎの香りと辛味が引き立たせてくれ、足りないものを補い合う、まさに相乗効果を生むコンビ。大根おろしでさっぱりといただきます。

厚揚げ

大豆製品と長ねぎのコンビは鉄板！ほんのり甘くてさっぱりなおつまみ

トースターで焼いた厚揚げや油揚げにトッピング。厚揚げや油揚げの油の甘さと長ねぎのさっぱりさがコントラストとなり、おいしくいただけます。厚揚げは、横半分に切って絶品ねぎ塩だれを挟んでもよし、ごま油を足したり、しょうゆをかけてもよし！　おつまみにも最適。

長き論争に終止符を打つ
究極 TKG《卵かけごはん》

◎材料（1人分）

ごはん…200g（茶碗1杯分）
卵黄…2個分
カツオ節…適量
絶品ねぎ塩だれ
…15g（大さじ1と1/2）
味つけしょうゆだれ（P.10参照）
…2.5cc（小さじ1/2）

◎つくり方

1 茶碗にごはんを盛り、卵黄と絶品ねぎ塩だれをのせる。

2 味つけしょうゆだれをかけ、カツオ節をのせたら完成。

MEMO

卵かけごはんには、全卵より卵黄2個がいちばんおいしい！　黄身の濃厚な味わいを長ねぎが引き立たせてくれます。余った白身部分は、鉄のフライパンでこんがり焼いて食べましょう（前著『COCOCORO大西哲也のドヤ飯』P.22においしい焼き方掲載）。

大西ロジック

黄身の濃厚さと甘味、長ねぎの辛味、カツオ節の動物性たんぱく質特有のうま味、味つけしょうゆだれの塩味、さまざまな味が渾然一体《こんぜんいったい》に！　卵はあえて卵黄だけを使います。味のバランスを計算し尽くしたレシピです。

鶏肉と長ねぎの相性のよさは、もはや運命《さだめ》

絶品ねぎ塩だれでチキンソテー

◎材料（1人分）

鶏もも肉…150g（1/2枚強）
絶品ねぎ塩だれ…30g（大さじ3）
塩・こしょう…各適量
サラダ油…15cc（大さじ1）

レモン…適宜

◎つくり方

1 鶏肉は全体の厚みが均等になるように観音開きにし、余分な脂や軟骨を取り除いたら塩、こしょうを振る。

2 フライパンを強火で熱し、サラダ油をひく。鶏肉を皮目からフライパンに入れ、ヘラで押さえながら中火で3〜4分焼く。

3 皮目に焼き色がついたら裏返し、さらに中火で1分焼く。

4 半分に切って器に盛り、絶品ねぎ塩だれをかけたら完成。お好みでくし形切りにしたレモンを絞っていただく。

MEMO

鶏肉は塩、こしょうで味つけをして焼く以外に、しょうゆで焼いてもいいし、揚げても美味。また、絶品ねぎ塩だれと合わせてレモン、みょうが、すりおろしたしょうがやにんにくをプラスすると複雑味が増してよりおいしくなります。

大西ロジック

鶏肉は切ってから焼くのではなく、一枚肉を焼いてから切ることで、鶏肉に火が入りすぎたり、縮んでしまったりするのを防ぎます。焼き色をしっかりつけつつも焼きすぎず、ヘラで押さえながら皮がそらないようにしましょう。

我が家は焼肉屋さん
やわらかな牛たん塩

◎材料（2人分）

牛たん薄切り肉…100g
絶品ねぎ塩だれ…適量
塩・こしょう…各適量
サラダ油…15cc（大さじ1）

レモン…適宜
ごま油…適宜

◎つくり方

1 牛たんに軽く塩、こしょうを振る。

2 フライパンかホットプレートにサラダ油を熱し、牛たんの片面を焼く。

3 表面の色がうっすら白く変わり、肉汁が浮き出てきたら裏返し、10秒さっと焼く。

4 器に盛り、絶品ねぎ塩だれをのせたら完成。お好みでごま油をかけ、くし形切りにしたレモンを絞っていただく。

MEMO
家庭ではあまり食べない牛たんですが、案外簡単なので勇気を出して挑戦してほしい。レモンで風味を強化、ごま油で濃厚さをプラスするのがおすすめです。ブラックペッパーを振っても美味。肉は牛肉の他の部位や、豚肉、鶏肉でも最高です。

大西ロジック
牛たんは焼きすぎないことに尽きます！　かたくなりやすい部位なので、片面を焼いて白っぽくなるタイミングを絶対に見逃さずに。ねぎを包んで外側だけ焼くのは鮮度がいい肉に限られるので、家で焼く場合は両面焼きましょう。

〆の食事に、弁当に。誰もが喜ぶ無敵のごはん

ねぎサケほぐし飯

◎材料（2人分）

ごはん…400g（茶碗2杯分）
甘塩サケ（切り身）…160g（2切れ）
塩蔵ワカメ…10g（水で戻した状態で）
絶品ねぎ塩だれ…適量
塩…少々
ごま油…適量

三つ葉…適宜

MEMO

サケ以外にもサンマ、イワシ、ブリなど、焼き魚にしておいしい魚なら何でもOKです。おにぎりにするのはもちろん、酢飯にして高菜やかんぴょうを混ぜてちらし寿司にしたり、おいなりさんにしたりするのもおすすめ。

◎つくり方

1 サケの両面に軽く塩を振り、冷蔵庫に10分おく。ワカメは1㎝幅に切る。

2 サケから出た水分をキッチンペーパーで拭き取る。魚焼きグリルかトースターで両面をこんがりと焼き、菜箸で身をほぐす。

3 ボウルにごはん、ワカメ、ごま油を入れて混ぜ合わせる。

4 茶碗に3を盛り、2のサケと絶品ねぎ塩だれをのせ、お好みで三つ葉を飾ったら完成。

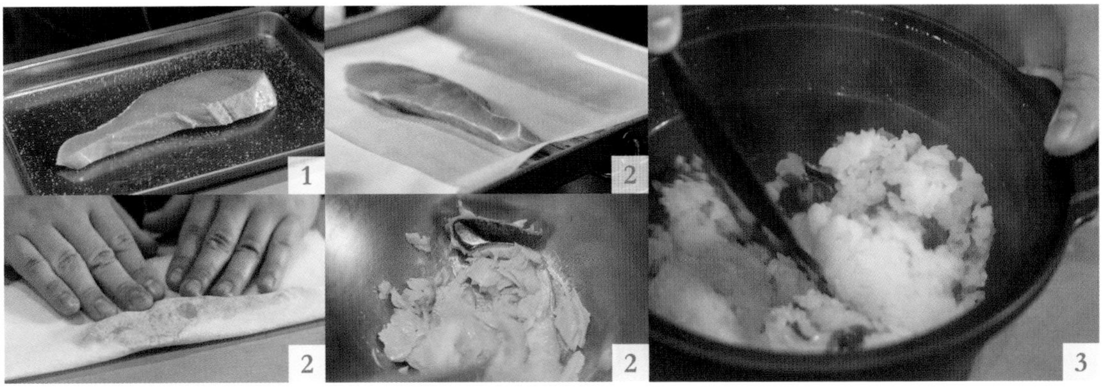

大西ロジック

サケに少量の塩を振ることで、余分な水分と臭みを抜きます。塩振りのサケでない場合は、少し多めに塩を振って水分と臭みを抜きつつ、塩味をつけるために20分ほどおきましょう。

具材のチーム力、One for all, All for one.

ハワイアン風のねぎマグロ和え

◎材料（2人分）

マグロ…100g

A
- 白炒りごま…適量
- 絶品ねぎ塩だれ…15g（大さじ1と1/2）
- 味つけしょうゆだれ（P.10参照）…5cc（小さじ1）
- ごま油… 5cc（小さじ1）

のり…適宜

◎つくり方

1 マグロはひと口大に切り、混ぜ合わせたAで和える。

2 器に盛り、お好みでちぎったのりを散らしたら完成。

MEMO

マグロやサーモンなどのシーフードとアボカドを、ピリ辛調味料に漬け込んだハワイの伝統料理「ポキ」を和風にアレンジ。シーフードはカツオやタコ、イカでもOK。トマトを加えたり、涼拌豆腐《りゃんばんどうふ》（P. 86 参照）にのせても美味。

大西ロジック

長ねぎはマグロを引き立てるのが上手。長ねぎのさっぱり感とほんのりとした辛味が、マグロの赤身特有のうま味を際立たせてくれます。しょうゆやごま油と長ねぎは相性がいいので、おいしさの相乗効果を生み出します。

ステーキ界期待の新星は、畑の肉

こんがり豆腐ステーキ

◎材料（2～3人分）

木綿豆腐…300g（1丁）
片栗粉…適量
絶品ねぎ塩だれ…適量
しょうゆ…15cc（大さじ1）
みりん…15cc（大さじ1）
サラダ油…15cc（大さじ1）

◎つくり方

1　豆腐を2～3等分に切り、キッチンペーパーで包む。1～2時間おいて水気を切る。

2　1の豆腐の両面に片栗粉をまぶし、サラダ油を中火で熱したフライパンで両面焼く。

3　焼き色がついたらしょうゆとみりんを加え、豆腐に絡めながら煮詰める。

4　器に盛り、絶品ねぎ塩だれをのせたら完成。

MEMO

長ねぎと豆腐の鉄板コンビ。豆腐を焼く時間がないときは、冷奴や湯豆腐にトッピングするだけでも十分おいしくいただけます。また、油揚げの中に絶品ねぎ塩だれを入れてトースターで焼けば、あっという間におつまみに。

大西ロジック

片栗粉をまぶすことで2つのおいしさが実現。1つは、こんがり焼き上げるのでまるで即席揚げ出し豆腐のように。もう1つは、片栗粉の衣にしょうゆとみりんのたれが絡み、豆腐に味がついておいしく仕上がります。

まるで「食べるたれ」と言ってもいいほどの、長ねぎたっぷりのたれ。使いやすさもバツグンで、料理の幅も広がります。

1 ARRANGE 粉ものの生地にする

お好み焼き、タコ焼き、チヂミなどの粉ものは、小麦粉の生地だけでつくっても十分おいしいのですが、長ねぎを入れることで一気にパワーアップ。小麦粉を水で溶いて卵を入れた生地に、絶品ねぎ塩だれを加えるだけ。もちろん、市販の粉を使っても長ねぎのおいしさは存分に活かせます。

加熱することで長ねぎの甘味が増すうえ、長ねぎ特有の香りも楽しめます。シャキシャキとした食感を楽しみたければたっぷり入れること。さらに干しエビも加えれば無敵のおいしさです。ソースの濃い味に負けない生地なので、具材やトッピングが少なくても、十分おいしくいただけます。

2 ARRANGE のせるだけで極上の逸品

長ねぎの辛味は、肉や魚などの動物性たんぱく質のウマさをさらに引き出してくれる名脇役です。カツオのたたき、焼いたレバーなどにのせると、そのおいしさを実感。

しっかりとした味がするのに他の味を邪魔しないので、どんな素材とも相性がよくさっぱりといただけます。

また、そば、うどんなどの薬味としてトッピングしてもいいでしょう。辛味や独特な清涼感が加わることでより風味豊かになり、食欲も湧いてきます。味が単調になりがちだったり、物足りないと感じたときのアクセントとして、いろいろな料理にトッピングしてみてください！

3
ARRANGE
ねぎたっぷりの具になるたれ

“ミートソース”というと、トマト味を思い浮かべるかもしれませんが、絶品ねぎ塩だれを活かすには、塩ミートソースの具にするのがおすすめです。

みじん切りにしたにんにくとひき肉を炒めて塩、こしょうで味つけし、仕上げに絶品ねぎ塩だれをさっと入れるだけ。長ねぎの香りが立ち、ひき肉のうま味を引き出しつつも、油っぽさを相殺《そうさい》してくれます。長ねぎが入っていることで、和風の塩ミートソースに。

ひき肉は、豚肉を使えば肉々しさを感じられる濃厚な味わいに、鶏肉を使えばさっぱりとした風味を楽しめるので、気分に合わせて肉の種類を変えてみるのもアリ。

4
ARRANGE
香りを活かして炒め物に

チャーハンや野菜炒めなどの炒め物には、トッピングではなく仕上げに入れて炒めるのがおすすめです。その際、入れるタイミングのよしあしが、おいしく仕上げられるかどうかの分かれ目となります。野菜とごはんがしっかり混ざり合ってから仕上げに入れるのがベスト。長ねぎに火を入れすぎると水分が出てしまい、香りや辛味が飛んでしまって食感が失われてしまいます。ほんの少しだけ絶品ねぎ塩だれに火を入れることで香りが立ち、甘味が出てきます。長ねぎの風味を味わいつつ、シャキシャキの食感を楽しんでください。

極上デミグ

ラスソース

炒めて煮込んで30分! これであなたも洋食屋さん

市販のデミグラスソース缶を使いつつも、食材や調味料を加えることでより深みがあるものに仕上げたのがこの「極上デミグラスソース」。本書で紹介するたれやソースの中で、味の微調整にいちばん時間を費《つい》やし、さまざまな料理に使えるソースにしました。

赤ワインとトマトソースが味のベースとなるこのソースは、焦がさないように煮詰めるのがおいしく仕上げるポイント。水分が多く、酸味の強い赤ワインとトマトソースを煮詰めると、酸味が飛んでおいしさが凝縮します。日本人になじみのあるしょうゆやみりんを入れるのも大西流。甘味とうま味が加わり、ビターチョコレートを入れることで香りが豊かに。また、酸味を打ち消してチョコレートの苦味で全体の味を引き締めます。

晩酌の赤ワインが余ったらデミソースづくり日和《びより》!　ぜひ挑戦してほしいソースです。

◎材料（できあがり分量500g）

玉ねぎ…100g（1/2個）
デミグラスソース（市販）
…290g（1缶）
トマトジュース…100cc
赤ワイン…200cc
ビターチョコレート…5g
ローリエ…1枚
しょうゆ…15cc（大さじ1）
ウスターソース…15g（大さじ1弱）
ケチャップ…15g（大さじ1弱）
みりん…15cc（大さじ1）
砂糖…20g（大さじ2強）
塩…5g（小さじ1弱）
サラダ油…15cc（大さじ1）

◎つくり方

1　玉ねぎを繊維を断つように薄切りにする。

2　鍋にサラダ油を強火で熱し、玉ねぎを茶色くなるまで炒める。

3　2に赤ワインを加えて煮込み、アルコール分を飛ばす。さらにその他の材料をすべて加えて煮込む。

4　ひと煮立ちさせたら弱火にし、木ベラで混ぜながら粘度とつやが出るまで10～20分煮詰める。ローリエを取り出したら完成。

【保存期間の目安】
密閉保存容器に入れて冷蔵庫で4～5日間

大西ロジック

市販のデミグラスソース缶は、あくまでもベースの濃縮だしのようなもので、さまざまな調味料をプラスして味のバランスを取っています。玉ねぎは繊維に対して垂直に切ると、火が入りやすくなってやわらかくなり、ソースとのなじみがよくなります。

初めてでも失敗知らず!

デミソースで煮込みハンバーグ

◎材料（2人分）

牛豚合いびき肉…200g
玉ねぎ…100g（1/2個）
卵…1個
パン粉…20g（1/2カップ）
極上デミグラスソース…200g
ナツメグ（あれば）…2振り
塩…1.5g（小さじ1/4）
水…15cc（大さじ1）
サラダ油…30cc（大さじ2）

MEMO

煮込みハンバーグは、焼くだけのハンバーグで起こりがちな"中心部生焼け事件"の可能性が低いので、料理初心者にもおすすめ。ソースにしっかり味がついているので、ハンバーグの味つけは控えめに。

◎つくり方

1 玉ねぎをみじん切りにし、サラダ油15ccを熱したフライパンで炒める。茶色く色づいたら取り出し、粗熱を取る。

2 ボウルにひき肉と塩を入れてこねる。ひき肉に粘りが出てきたら卵、1の玉ねぎ、パン粉、ナツメグ、水を加えて混ぜ合わせる（冷蔵庫で1時間冷やすと成形しやすくなる）。

3 2等分にして成形する。手のひらでキャッチボールしながらタネの中の空気を抜き、楕円形に整えたら指で真ん中を凹《へこ》ませる。

4 深めのフライパンを強火で熱してサラダ油15ccをひき、3の両面を焼いて焼き色をつける。

5 極上デミグラスソースを加えて中火にし、ひと煮立ちさせたら焦がさないように底からかき混ぜる。弱火にし、ふたをして8分煮込んだら完成。

大西ロジック

ハンバーグのタネは、ひき肉と塩をまず混ぜ合わせることが大切。たんぱく質同士が結着し、焼いてもくずれにくくなります。こねる際は、冷たい手か厚手のゴム手袋で。手が温かいと肉の脂が溶け出し、肉同士が結着しづらくなります。

じっくりコトコト2時間後……

憧れのビーフシチュー

◎材料（2～3人分）

牛すね肉…200g
玉ねぎ…100g（1/2個）
にんじん…200g（1本）
マッシュルーム…8個
トマトジュース…100cc
赤ワイン… 50cc
小麦粉…少々
極上デミグラスソース…200g
顆粒鶏ガラスープの素…5g（小さじ2弱）
塩・こしょう…各適量
水…100cc
サラダ油…15cc（大さじ1）

MEMO

この極上デミグラスソースがあれば、冬につくりたいメニューNo.1のビーフシチューが手軽に。極上デミグラスソースさえ仕込めば、案外簡単なのに“映える”おもてなし料理になります。ゆでたブロッコリーやにんじん、じゃがいもなどを添えても。

◎つくり方

1 玉ねぎはくし形切りに、にんじんは乱切りにする。マッシュルームは四つ割りにする。

2 牛肉は大きめのひと口大に切る。塩、こしょう各少々を振り、揉んで味をなじませてから小麦粉をまぶす。

3 鍋か深めのフライパンを中火で熱してサラダ油をひき、牛肉を焼き色がつくまで焼く。

4 玉ねぎ、にんじん、マッシュルーム、トマトジュース、赤ワイン、極上デミグラスソース、鶏ガラスープの素、水を加えて混ぜ合わせる。

5 ひと煮立ちさせたら弱火にし、焦げつかないように時々木ベラでかき混ぜながら1～2時間コトコト煮込む。煮詰まってきたら水50cc（分量外）を足しながら煮込む。

6 牛肉がやわらかくなったら、塩、こしょう各少々で味を調えて完成。

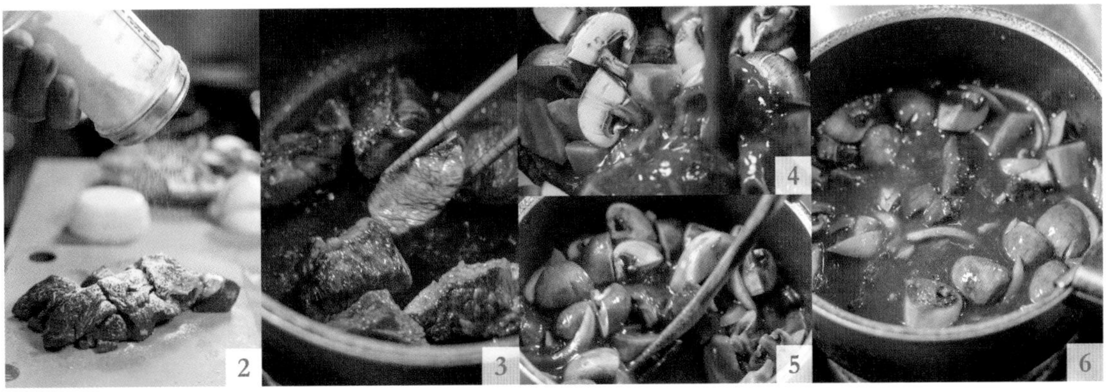

大西ロジック

牛肉の部位は、筋が多いすね、ほほ、肩、腕、牛筋などがおすすめ。70°C以上で長時間加熱することにより、筋に含まれるコラーゲンがゼラチンに変化するため、やわらかくトロトロに仕上がります。

もちろんお子さまにもどうぞ

大人のミートソースパスタ

◎材料（2人分）

パスタ…200g
牛ひき肉…100g
玉ねぎ…50g（1/4個）
トマト…100g（1/2個）
にんにく…5g（1片）
極上デミグラスソース…100g
塩・こしょう…各適量
水…30cc（大さじ2）
オリーブ油…5cc（小さじ1）

パセリ…適量
粉チーズ…適量
ブラックペッパー…適量

MEMO

ミートソースといってもトマトではなく、デミグラスソースがベースの濃厚な大人のミートソースです。ソースにパスタを絡めればボロネーゼになるし、ラザニアやグラタンにも使える便利なソースです。

◎つくり方

1 玉ねぎとにんにくはみじん切りに、トマトは1cm角のさいの目切りにする。

2 フライパンにオリーブ油を中火で熱し、ひき肉を炒める。焼き色がついたら、玉ねぎとにんにくを加えてさらに炒める。

3 トマト、極上デミグラスソース、水を加え、トマトが煮くずれるまで10分煮詰めたら、塩、こしょうで味を調える。

4 鍋に塩分1%の湯を沸かし、パスタを表示通りにゆでる（水2ℓに対して塩20g）。

5 湯切りしたパスタを器に盛り、3のミートソースをかける。みじん切りにしたパセリ、粉チーズ、ブラックペッパーを振ったら完成。

大西ロジック

ひき肉に焼き色をつけることで生まれる香ばしさとうま味、にんにくのうま味と香りが加わって、濃厚な味に仕上がります。ひき肉から脂が出すぎる場合は、炒めた後にキッチンペーパーで脂を拭き取りましょう。

たっぷりきのことろーりチーズ
肉がなくても濃厚な味わい

きのことマカロニのデミグラスグラタン

◎材料（2人分）

マカロニ…100g
玉ねぎ…100g（1/2個）
きのこ（お好みで）…150～200g
ミックスチーズ…50g
バター…10g（大さじ1弱）
小麦粉…3g（小さじ1）
パン粉…適量
極上デミグラスソース…100g
顆粒コンソメスープの素…5g（小さじ2弱）
塩・こしょう…各少々
水…50cc

MEMO

きのこ類は、しめじやエリンギ、マッシュルーム、舞茸などお好みのものを使いましょう。マカロニはラザニアにしてもOK。おもてなしにも最適です。具材はゆでたじゃがいも、ミートボールなどを入れるとボリュームアップ！

◎つくり方

1　鍋に塩分1％の湯を沸かし、マカロニを表示より1分短くゆでる（水2ℓに対して塩20g）。

2　玉ねぎは薄切りにし、きのこは石づきを取ってほぐす。

3　フライパンにバターを温め、玉ねぎをしんなりするまで炒める。さらにきのこを加え、しんなりするまで炒める。

4　小麦粉を少しずつ加えながら炒め合わせ、さらに水を少しずつ加えて小麦粉をのばしたら、コンソメスープの素を加えて軽く混ぜる。

5　極上デミグラスソースを加え、全体をよく混ぜながらとろみが出るまで、弱めの中火で5分煮込んだら、塩、こしょうで味を調える。

6　1のマカロニを加えてソースとよく絡めたら、耐熱皿に入れてミックスチーズとパン粉をのせる。

7　トースターで表面に焦げ目がつくまで15～20分焼いたら完成。

大西ロジック

グラタンソースは小麦粉が“だま”になる問題が！　この解決策は、しめじと玉ねぎを炒めて出た水分に、少しずつ小麦粉を加えて混ぜることです。ホワイトソースをつくるときにも使えるテクニックです。

カレーよりも断然簡単

激ウマハヤシライス

◎材料（3～4人分）

ごはん…600g（茶碗3杯分）
牛薄切り肉…200g
玉ねぎ…200g（1個）
マッシュルーム…10個
にんにく…5g（1片）
トマトジュース…100cc
バター…10g（大さじ1弱）
極上デミグラスソース…200g
塩…適量
こしょう…ひとつまみ
水…150cc

MEMO

ハッシュ・ド・ビーフは薄切り肉をデミグラスソースで煮込んだもの。これにごはんを添えるとハヤシライスに。デミグラスソースにサワークリームを入れて煮込んだものがビーフストロガノフ。この3つ、違いを言えたらもう上級者です。

◎つくり方

1　牛肉に塩ひとつまみ、こしょうを振る。玉ねぎはくし形切りに、マッシュルームとにんにくは薄切りにする。

2　フライパンにバターを温め、牛肉を焼く。片面に焼き色がついたら取り出す。

3　2のフライパンを中火で熱し、玉ねぎとにんにくを炒める。玉ねぎに透明感が出たら、マッシュルームを加えて軽く炒める。

4　トマトジュース、極上デミグラスソース、水を加えて混ぜ、全体がなじんできたら2の牛肉を戻し入れる。ひと煮立ちさせたらふたをし、時々木ベラでかき混ぜながら弱火で15～20分煮込み、塩少々で味を調える。

5　器にごはんを盛り、4をかけたら完成。

大西ロジック

薄切り肉に焼き色をつけ、香ばしさやうま味を引き出すメイラード反応を発生させます。ただし、焼き加減に注意。薄切り肉なのですぐに火が入ってしまい、かたくなりやすいので、片面だけ焼き色をつけましょう。

これが嫌いな女子はいない！

とろとろオムライス

◎材料（1人分）

ごはん…150g（軽めに茶碗1杯分）
ベーコン…20g
玉ねぎ…50g（1/4個）
にんにく…2g（1/3片）
卵…2個
バター…10g（大さじ1弱）
極上デミグラスソース…100g
塩…2g（小さじ1/3）
こしょう…少々

生クリーム…適宜

◎つくり方

1 バターライスをつくる。ベーコンは5㎜角のさいの目切りに、玉ねぎとにんにくはみじん切りにする。

2 フライパンにバター5gを温め、1を炒める。玉ねぎに透明感が出たらごはんと塩1gを加え、こしょうを振り、炒めたら器に盛る。

3 オムレツをつくる。ボウルに卵と塩1gを入れ、菜箸で溶きほぐす。フライパンにバター5gを温め、卵液を流し入れて菜箸でかき混ぜながら半熟にする。

4 2に3をのせ、温めた極上デミグラスソースをかける。お好みで生クリームをかけたら完成。

MEMO

極上デミグラスソースはしっかりとした味なので、ケチャップライスよりもさっぱりとしたバターライスのほうが断然相性がいい！　ベーコンは鶏肉や豚肉にしても。ごはんはあえて少量にすると、お店で出てくるような見栄えになり、かっこよく仕上がります。

大西ロジック

卵と塩をしっかり混ぜ合わせると、卵のたんぱく質が切れてなめらかな舌触りになります。また、卵液に牛乳や生クリームを入れるレシピもありますが、入れることでトロトロしすぎてしまうので、大西流ではあえて入れていません。

まだまだある!!

極上デミグラスソースを使った一品があれば、食卓が一気に華やぎます。かける、煮るなど簡単アレンジを習得すると、ソースを上手に使い回せます。

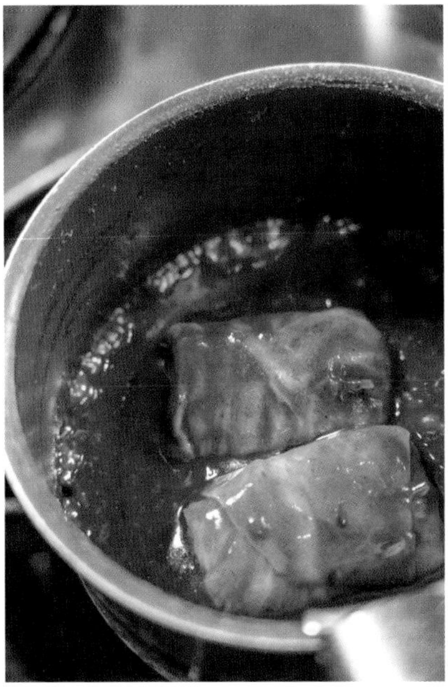

ARRANGE 1

じっくり煮込み料理に

具材と煮汁を鍋に入れて長時間弱火で煮る煮込み料理は、素材に煮汁やソースの味がしっかり絡み、具材がやわらかくなっておいしさが増します。

具材は肉や野菜など何でも相性がいいと言っていいほど、使い勝手がいい極上デミグラスソース。肉なら豚肉、鶏肉、ウインナー、ミートローフを煮込んでもおいしく仕上がります。野菜は大根、かぶ、にんじん、ブロッコリー、カリフラワーなど形がしっかりした野菜がおすすめです。ロールキャベツはぜひつくっていただきたい。トロトロになったキャベツと中の肉が極上デミグラスソースと絡んで最高です！

2 ARRANGE

ソースとしてかける

ウスターソースや中濃ソースをかける感覚で使うのもアリです。特に相性がいいのは揚げ物。エビフライをはじめ、カツレツ、コロッケなどとの相性は間違いありません。サクサクした衣に、ソースがしっかり染み込んでおいしいですよね。家庭的な料理が一気にグレードアップします。僕のおすすめはカニクリームコロッケ。お惣菜屋さんで買ってきたもので十分です。

ちなみに、北海道根《ね》室《むろ》市の「エスカロップ」や福井県敦《つる》賀《が》市の「スカロップ」など、カツレツにデミグラスソースをかけたＢ級グルメもあります。他にポークソテーやチキンソテーとの相性もバツグンです。いつもの料理に飽きたとき、極上デミグラスソースがあればリッチな“味変”を楽しめます。

濃厚

「あのお宅に元イタリアンシェフがいるらしい」と近所で噂です

イタリアンに欠かせないのがトマトソース。パスタやピッツァはもちろんのこと、肉や魚のソースとしても合います。そして、料理好きな人なら一度はつくったことがあるであろうソースでもあります。なかったにしても、きっとどこかのお店では食べたことがあるでしょう。それくらいメジャーなので、それだけに味のよしあしがわかりやすいのが、このトマトソース。

大西流トマトソースの最大の特長は、なんといってもしっかりじっくり炒めた玉ねぎの甘味とにんにくのうま味がきいていること。これだけで、酸味の強いトマトがまろやかな味わいになります。また、トマトは煮詰めることで濃厚さが増すので、肉料理や魚料理などのうま味に負けない、それでいて主張しすぎない、いい塩梅のソースができあがります。これさえあれば、おうちイタリアンがベテランシェフさながらの料理に早変わり。

◎材料（できあがり分量400g）

ホールトマト缶…400g（1缶）
玉ねぎ…300g（1と1/2個）
にんにく…10g（2片）
塩…3g（小さじ1/2）
オリーブ油…30cc（大さじ2）
サラダ油…少々

◎つくり方

1　玉ねぎとにんにくはみじん切りにする。

2　フライパンにサラダ油を熱し、玉ねぎを炒める。玉ねぎがあめ色になったら取り出す。

3　2のフライパンにオリーブ油とにんにくを入れて弱火にかけ、香りが立って色づいてきたら2の玉ねぎ、トマト、塩を加える。トマトを木ベラでつぶしながら、3/4量になるまで中火で10～20分煮詰める。お好みの濃度になったら完成。

【保存期間の目安】
密閉保存容器に入れて冷蔵庫で4～5日間

大西ロジック

玉ねぎをあめ色に炒めることで、甘味、香ばしい香り、風味が増します。これは肉に焼き色をつけるメイラード反応と同じ。うま味成分が凝縮してトマトソースがぐっとおいしくなり、味に深みが出ます。

トマトソース

太陽の味、パスタ界の伊《だ》達《て》男《おとこ》

トマトソースパスタ

◎材料（1人分）

パスタ…100g
にんにく…5g（1片）
濃厚トマトソース…100g
オリーブ油…20cc（大さじ1と1/3）

パセリ…適量
粉チーズ…適量

◎つくり方

1 フライパンにオリーブ油とみじん切りにしたにんにくを入れて弱火にかける。

2 鍋に塩分1%の湯を沸かし、パスタを表示通りにゆでる（水2ℓに対して塩20g）。

3 1のにんにくが焦げる直前に、パスタのゆで汁50cc（分量外）と濃厚トマトソースを加えてよく混ぜる。

4 ゆで上がったパスタを湯切りし、3に加えてソースを絡める。器に盛り、みじん切りにしたパセリと粉チーズを散らしたら完成。

MEMO

トマト系パスタの基本は、食材を下処理してにんにくを炒めたら、トマトソース、ベーコンやシーフードなどの具材を炒め合わせるだけ。ミックスチーズを加え、仕上げに粉チーズをかける『トマトチーズソースパスタ』も僕のお店では人気です。

大西ロジック

フライパンを熱する前に、オリーブ油とにんにくを入れてから弱火にかけましょう。ゆっくり炒めて、オリーブ油ににんにくの香りやうま味を移します。強火だと、オリーブ油に移る前に焦げてしまうので注意してください。

イタリアの魚料理は、アクアパッツァだけじゃない

ブリとキャベツのトマトソース煮込み

◎材料（2人分）

ブリ（切り身）…2切れ
キャベツ…2枚
にんにく…5g（1片）
白ワイン…30cc（大さじ2）
小麦粉…適量
濃厚トマトソース…100g
顆粒コンソメスープの素…5g（小さじ2弱）
塩・こしょう…各適量
オリーブ油…15cc（大さじ1）

パセリ…適量

◎つくり方

1　ブリの両面に薄く塩を振り、冷蔵庫に10分おいて水分を出す。水分が出たらキッチンペーパーでしっかり拭き取り、塩、こしょうを振ってから小麦粉をはたく。

2　キャベツはひと口大にちぎり、にんにくは薄切りにする。

3　フライパンにオリーブ油とにんにくを入れて中火にかける。にんにくが色づいてきたら取り出し、ブリを焼き色がつくまで焼く。

4　キャベツ、3で取り出したにんにく、白ワイン、濃厚トマトソース、コンソメスープの素を加えて混ぜ、5分煮詰めたら器に盛る。みじん切りにしたパセリを散らしたら完成。

MEMO

洋風煮魚のイメージでつくっているので、普段煮つけで使っているサバ、メカジキ、カレイなどでもOKです。加える野菜は白菜でも美味。魚のうま味を吸ってくれるし、料理にボリュームが出ます。

大西ロジック

魚は火を入れすぎると身がかたくなり、パサパサになってしまうので、火入れ加減は慎重にしましょう。焼いた後にトマトソースで煮込むので、焼くときは中まで火が入っていなくても焼き色さえついていればOKです。

気分は猟師、ワイルドだけど繊細な味

鶏肉のトマトソース煮込み
カチャトーラ風

◎材料（2人分）

鶏もも肉…250g（1枚）
玉ねぎ…100g（1/2個）
しめじ…1パック
にんにく…5g（1片）
黒オリーブ（水煮）…10個
白ワイン…適量
ローズマリー…1本
濃厚トマトソース…適量
顆粒コンソメスープの素…5g（小さじ2弱）
塩・こしょう…各適量
水…100cc
オリーブ油…20cc（大さじ1と1/3）

パセリ…適宜

MEMO

カチャトーラとはイタリアの猟師風料理のこと。鶏肉以外にうさぎ肉などを使い、トマトソースと白ワインで野菜と一緒に煮込みます。肉と野菜のおいしさが凝縮された、洋風の筑前煮ともいえる料理かもしれませんね。

◎つくり方

1 鶏肉は余分な脂や軟骨を取り除き、白ワイン少々、塩、こしょうを振って揉み込む。

2 玉ねぎ、にんにく、オリーブは薄切りに、しめじは石づきを取ってほぐす。

3 フライパンにオリーブ油10cc、ローズマリー、にんにくを入れて中火にかけ、にんにくの香りが立って色づいてきたら取り出す。鶏肉を皮目からフライパンに入れ、ヘラで押さえながら焼き色がつくまで焼いたら、ローズマリーを鶏肉の上にのせる。

4 鶏肉を裏返し、2〜3分軽く焼いて取り出したら、ひと口大に切る（中まで火が入っていなくてもOK）。

5 4のフライパンにオリーブ油10cc、玉ねぎ、オリーブを入れて炒め、しんなりしてきたらしめじを加えて炒める。

6 白ワイン30cc、濃厚トマトソース、コンソメスープの素、水を加えて混ぜる。ひと煮立ちさせたら3のにんにく、4の鶏肉を戻し入れ、水っぽさがなくなるまで中火で5分炒め煮にする。

7 塩、こしょうで味を調えたら器に盛り、お好みでみじん切りにしたパセリを散らす。

大西ロジック

鶏肉に白ワインを揉み込むことで肉の臭みを消し、塩、こしょうの味が肉に入りやすくなる効果があります。焼き目をつけた鶏肉、玉ねぎやにんにくといった香味野菜のおいしさが渾然一体となり、オリーブがいいアクセントに。

パーティーの副菜で大活躍

ラタトゥイユ

◎材料（3～4人分）

なす…160g（2本）
玉ねぎ…100g（1/2個）
トマト…200g（1個）
ズッキーニ…200g（1本）
パプリカ…150g（1個）
にんにく…10g（2片）
濃厚トマトソース…100g
塩…適量
こしょう…少々
オリーブ油…30cc（大さじ2）

パセリ…適量
粉チーズ…適量

MEMO

ラタトゥイユはフランス南部の家庭料理で、夏野菜とトマトを煮込んだもの。きゅうりや冬瓜《とうがん》、かぶや大根などを入れてもOK。見た目がきれいなので、ホームパーティーにもぴったり。パンにのせる、スープにするなどアレンジも自由自在。

◎つくり方

1　なすは2cm角のさいの目切りにし、ボウルに入れて全体に塩少々をまぶす。玉ねぎ、トマト、ズッキーニ、パプリカも2cm角のさいの目切りにし、にんにくはみじん切りにする。

2　フライパンにオリーブ油とにんにくを入れて弱火にかける。にんにくの香りが立ったら、玉ねぎを加えてしんなりするまで炒める。

3　なす、ズッキーニ、パプリカを加え、全体がしんなりするまで炒める。

4　トマトと濃厚トマトソースを加え、お好みのくたくた具合になるまで煮込む。野菜のフレッシュさを楽しみたいなら5分、トロトロの食感とまろやかな味を楽しみたいなら15分煮込む。

5　塩少々、こしょうで味を調えたら器に盛り、みじん切りにしたパセリと粉チーズを振ったら完成。

大西ロジック

なすに塩を振ると、出た水分がなす内部のスポンジ状の隙間を埋めてくれるため、油をたっぷり吸ってオイリーになってしまうのを回避できます。また、たっぷりの野菜から水分が出るので、トマトソースは入れすぎないのがポイント。

真の“ナポリピッツァ”

ピッツァ・マルゲリータ

◎材料（直径25㎝×1枚）

【生地】
強力粉…180g
ドライイースト…2g
砂糖…4g（小さじ1強）
塩…7g（小さじ1強）
水…100cc
オリーブ油…5cc（小さじ1）

【具やソース】
バジル…4枚
ミックスチーズ…100g
濃厚トマトソース…160g
オリーブ油
…20cc（大さじ1と1/3）

MEMO
このレシピはもっともクラシカルなナポリピッツァ。少し厚めの生地で、ソースや具はトマトソース、チーズ、バジルとシンプル。ちなみに、ローマ風の生地は薄くてクリスピー、ミラノ風の生地はナポリとローマの中間くらいなんだそう。

◎つくり方

1　生地をつくる。ボウルに水と塩を入れて混ぜ、塩をしっかり溶かす。

2　ふるいにかけた強力粉を半量加え、ドロドロになるまで菜箸で混ぜ合わせる。

3　残りの強力粉、ドライイースト、砂糖、オリーブ油を加えてよく混ぜる。

4　粉っぽさがなくなり生地がまとまってきたら、表面がなめらかになるまで20～30分よくこねる。

5　生地を2等分にし、表面がなめらかになるまで丸めたら、密閉保存容器やボウルに入れる。ふたかラップをし、倍くらいの大きさになるまで常温で2時間発酵させる。

6　オーブンをいちばん高い温度で予熱する。

7　生地の発酵が終わったら、打ち粉をして手で伸ばす。丸まった生地を平らにしたら、生地の右端を右手で押さえながら左手でやさしく生地を引っ張る。これを90度ずつ回転させながら、周囲の外側1㎝をつぶさないように、直径25㎝になるまで形を整えながら広げる。

8　生地を天板にのせて濃厚トマトソースを塗り広げ、ミックスチーズとちぎったバジルを散らし、オリーブ油を回しかける。

9　耳にきつね色の焼き色がつくまで焼く。トースターなら12～15分、オーブンならいちばん高い温度で数分（320℃なら5～8分）焼く。

生地のつくり方はコチラ!

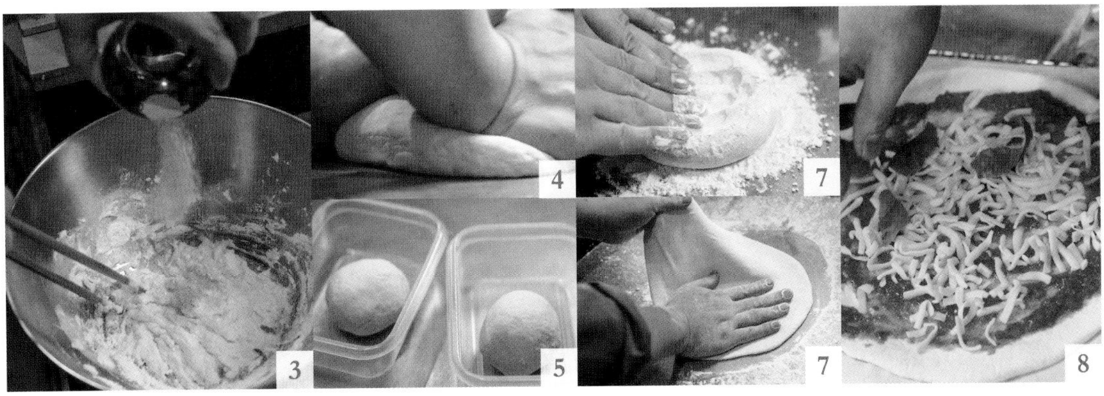

大西ロジック
生地をしっかりこねることでグルテンが形成されて、コシのある生地になります。しかし、温度、湿度、手の温かさによって発酵具合に違いが出るので、1回目で上手につくれないこともあります。何度も挑戦してみてください！

まだまだある!!

どんな料理にも素材にも合う濃厚トマトソース。
パスタソースとして煮込む、かけるだけでなく、料理の味をグレードアップさせることもできます。

1 ARRANGE パスタソースにする

パスタソースの鉄板ともいえるトマトソース。いろんな具材と相性がいいのですが、使う具材によって名前が違います。

唐辛子で辛味をきかせたアラビアータ、アサリが入ったボンゴレロッソ、魚介がたっぷり入ったペスカトーレ、生クリームが入ったトマトクリームソース、エビの殻のだしを加えたアメリケーヌソースなど、さまざまな種類があります。でも、基本の調理法は同じ。具材を加熱してから適量の濃厚トマトソースを混ぜるだけで、どんどんレパートリーが広がります。これをマスターして、パスタ料理の海に漕《こ》ぎ出してください。

2 ARRANGE 煮込んでより濃厚に

72ページで紹介したラタトゥイユはいろいろな種類の野菜を使いましたが、野菜は1種類でも十分おいしくいただけます。たとえば、白菜やキャベツを炒めて甘味が出てから濃厚トマトソースで煮込むと、シンプルながらとてもおいしい! 野菜の甘味とソースの酸味が絶妙です。焼いた鶏肉などを入れれば、さらにおいしさアップ。このとき、ソースは水でのばさず、野菜から出る水分で煮込みましょう。

他にもロールキャベツやハンバーグもいいですね。市販のおでんだねでトマトおでんというのも◎。このときは少しだし汁でのばしましょう。

3
ARRANGE

カレーをグレードアップさせる

スパイスのきいたカレーもいいけれど、甘口ではないものの、まろやかで口当たりのいいカレーを食べたくなることはありませんか。そんなときにおすすめなのが、カレーのルーを入れるタイミングでこの濃厚トマトソースもプラスすること。味がまろやかになり、うま味や甘味をプラスしてくれるので、味に深みが出ます。濃厚トマトソース自体、煮込んであって甘味とうま味が凝縮されているうえ、ほんのり残る酸味がいい仕事をしてくれます。スパイス類を活かしながら、カレーを軽やかにやさしい味わいにしてくれて、後味もすっきり。辛口が好きと思っていてもやみつきになります。

ARRANGE
4

料理にかけるだけで美味

濃厚トマトソースのいちばん簡単な使い方は、料理にかけるだけ。ハンバーグやステーキ、チキンソテーなどは言うまでもなく絶品。塩、こしょうのシンプルな味じゃないほうがいいな、というときにこのソースの出番です。

また、魚との相性もバツグン。サバやタラなどの焼き魚とよく合います。仕上げにかけるだけなので、調理も簡単。つくりおきして冷凍しておくと、とても便利です。

他にもオムライスにかけたり、食パンに塗ってミックスチーズをかけて焼いたり、ラザニアにのせたりと、料理の最後に味をキメてくれる優秀なソースです。

中華甘酢

中華は火力? いいえ、味つけです
酢を使っても酸っぱくならない、黄金バランスを教えます

しょうゆ、酢、砂糖、ごま油。この組み合わせは中華料理ではおなじみの味つけで、あらかじめ合わせておくと、さまざまな料理をスピーディーにつくることができてとても便利です。しょうゆの塩味、酢の酸味、砂糖の甘味のバランスがよく、ごま油の香りが食欲をそそります。老若男女問わず、誰もが「おいしい」と思える味つけになること、間違いありません! しょうがや長ねぎ、白炒りごまなどと合わせてアレンジも自在。辛味が欲しければラー油や豆板醤を、スパイスの風味を加えたければ花椒《ホワジャオ》を加えればより本格的な味になります。これを使えば、あっという間に「得意料理は中華!」と言えるようになるはずです。

◎材料(できあがり分量350cc)

しょうゆ…80cc
酢…120cc
砂糖…100g
ごま油…40cc(大さじ2と2/3)

◎つくり方

1 ボウルにしょうゆ、酢、砂糖を入れ、ゴムベラで混ぜ合わせる。

2 砂糖が溶けたら、ごま油を加えてよく混ぜ合わせる。

【保存期間の目安】
密閉保存容器に入れて常温で2週間

大西
ロジック

砂糖をそんなに入れるの!? と驚くかもしれませんが、ここでヒヨるとおいしいたれができません(笑)。ごま油を入れてからだと砂糖が溶けにくくなってしまうので、順番は死守。

じょうゆだれ

無限に食べられる、草までウマい

ジューシーな油淋鶏《ユーリンチー》

◎材料（2人分）

鶏もも肉…300g
卵…1個
小麦粉…10g（大さじ1強）
片栗粉…30g（大さじ3と1/3）
A
長ねぎ（白い部分のみじん切り）…大さじ1
しょうが（みじん切り）…小さじ1
中華甘酢じょうゆだれ…50cc
酒…少々
塩・こしょう…各少々
サラダ油…適量

MEMO

長ねぎやしょうがをAのたれに混ぜるタイミングは、食べる直前がベストです。時間が経つとみじん切りの長ねぎやしょうがから水分が出て、たれが薄まってしまいます。このたれは鶏肉だけでなく、豚しゃぶや蒸した魚にかけても絶品です。

◎つくり方

1　鶏肉は全体の厚みが均等になるように観音開きにし、余分な脂や軟骨を取り除く。

2　ボウルに鶏肉、酒、塩、こしょうを入れ、粘りが出るまで揉み込む。

3　卵を加え、卵液の量が減るまでしっかりと揉み込む。

4　ボウルに小麦粉と片栗粉を入れて合わせ、3の鶏肉にまぶしたら余分な粉をはらう。

5　フライパンに鶏肉が半分浸かるくらいのサラダ油を180℃に熱し、鶏肉を3分揚げ焼きにする（鶏肉のふちが1㎝程度白くなるまで）。

6　裏返して3分揚げ焼きにしたら、鶏肉を食べやすい大きさに切る。器に盛り、混ぜ合わせたAをかけたら完成。

大西ロジック

鶏肉を揚げる前に、卵液を鶏肉の繊維に揉み込むことが、ジューシーに仕上げる最大のポイントです。卵液によって鶏肉の保水力がアップするので、加熱しても鶏肉がしっかり水分を抱え込み、やわらかく仕上がります。

ごまとラー油で高級中華

香味豊かな棒々鶏《バンバンジー》

◎材料（2人分）

鶏むね肉…300～350g
トマト…200g（1個）
きゅうり…100g（1本）

A
- 長ねぎ（白い部分のみじん切り）…大さじ2
- しょうが（みじん切り）…小さじ2
- 白練りごま…30g（大さじ1と2/3）
- 中華甘酢じょうゆだれ…100cc
- ラー油…20cc（大さじ1と1/3）

MEMO

たれに入れる長ねぎやしょうがは水分が出るので、食べる直前に混ぜ合わせるようにしましょう。たれに混ぜるラー油は前著『COCOCORO大西哲也のドヤ飯』（P.54参照）で紹介した自家製本格ラー油をぜひ。香りと味が格別で、おいしさがアップします。

◎つくり方

1 鶏肉は全体の厚みが均等になるように観音開きにする。

2 鍋に2ℓの水（分量外）を入れて強火にかけ、沸騰したら1の鶏肉を入れる。再沸騰したらふたをして火を止め、20分おく。

3 トマトはくし形切りに、きゅうりは細切りにする。

4 ボウルにAを入れて混ぜ合わせる。

5 器にきゅうりを敷くように盛り、2の鶏肉を割いてのせ、トマトを飾る。4のたれをかけたら完成。

大西ロジック

鶏むね肉は火を入れすぎるとパサパサになります。火を止めてじっくり加熱するのがポイント。また、ゆで汁にはうま味がたっぷり入っているので、捨てずにスープやカレー、鍋つゆ、ラーメンスープなどに使ってみてください。

本当においしいやつ、食べたことありますか？

プリップリの酢豚

◎材料（2人分）

豚肩ロース肉（とんかつ用）…200g
玉ねぎ…50g（1/4個）
にんじん…50g（1/4本）
ピーマン…80g（2個）
しいたけ…2個
片栗粉…適量
水溶き片栗粉
…適量（片栗粉小さじ1、水小さじ2）

A
- 中華甘酢じょうゆだれ…90cc
- ケチャップ…25g（大さじ1と1/2弱）
- 顆粒鶏ガラスープの素…5g（小さじ2弱）
- 水…30cc（大さじ2）

塩・こしょう…各適量
サラダ油…適量

◎つくり方

1 豚肉をフォークで刺したらひと口大に切り、片栗粉をまぶす。玉ねぎ、にんじん、ピーマン、石づきを取ったしいたけを3cm角に切る。

2 ボウルに豚肉、塩、こしょうを入れて揉み込む。

3 フライパンにサラダ油50ccを160℃に熱し、豚肉を焼き色がつくまで揚げ焼きにし、取り出す。1の野菜も素揚げにする。

4 フライパンの油を捨て、新たにサラダ油大さじ1とAを入れて火にかける。グツグツしてきたら火を止め、水溶き片栗粉を回し入れる。

5 3の豚肉と野菜を4に加える。再び火にかけて1分煮立たせ、たれを絡めたら完成。

MEMO

パイナップルを入れるのも僕は好きです。缶詰のパイナップルだと甘くなりすぎてしまうので、フレッシュなものを使うと◎。豚肉ではなく、白身魚やイカ、エビ、ホタテなどでも大変おいしいと思います。

大西ロジック

肉はやわらかく、野菜はシャッキリと、それぞれの具材を最高の状態で仕上げるには、面倒でも別々に火入れを。具材によって火が入る時間が違うので、肉と野菜の火入れを同時にすると、野菜に火が入りすぎてくたっとしてしまいます。

一年中食べたい
冷やし中華

◎材料（1人分）

中華麺…1玉
チャーシュー（お好みでロースハム、
サラダチキンなど）…30g
トマト…100g（1/2個）
きゅうり…50g（1/2本）
しょうが…5g（1/2片）
卵…1個
水溶き片栗粉
…適量（片栗粉小さじ1、水小さじ2）
中華甘酢じょうゆだれ…120cc
顆粒鶏ガラスープの素…3g（小さじ1）
湯…120cc

◎つくり方

1　鍋に湯を沸かし、鶏ガラスープの素を入れて溶かし、火を止める。中華甘酢じょうゆだれを加え、混ぜ合わせたら冷やす。

2　鍋に湯（分量外）を沸かし、中華麺を表示通りにゆでたら洗ってぬめりを取り、氷水で冷やす。十分に冷えたら、ザルの目に押しつけるようにして水気をしっかり切る。

3　水溶き片栗粉を加えた卵液で錦糸卵をつくる。チャーシューは食べやすい大きさに切る。トマトはくし形切りに、きゅうりは細切りにし、しょうがはすりおろす。

4　食べる直前に、1のたれにしょうがを加えて混ぜる。器に麺と具材を盛りつけ、たれをかけたら完成。

MEMO
数あるたれの中でも、もっとも余りやすいのが冷やし中華のたれ。市販品を買っても、夏が過ぎると忘れ去られ、次の夏には捨てることに。だからこそ自家製を。使う分だけつくれば、無駄がなく捨てることもありません。

大西ロジック
スープは量が多いので、酸味が強いとむせることがあります。熱いスープに中華甘酢じょうゆだれを混ぜると、酢のカドが取れてまろやかな味わいに。麺の水切りはしっかりと。水気が残るとたれが薄まってしまいます。

最強の冷奴

涼拌豆腐《りゃんばんどうふ》

◎材料（2人分）

絹ごし豆腐…300g（1丁）
トマト…100g（1/2個）
きゅうり…50g（1/2本）
長ねぎ（白い部分のみじん切り）
…大さじ2
ザーサイ…30g
中華甘酢じょうゆだれ…45cc（大さじ3）

◎つくり方

1 トマト、きゅうり、ザーサイはみじん切りにする。

2 ボウルに1、長ねぎ、中華甘酢じょうゆだれを入れて混ぜ合わせる。

3 器に食べやすい大きさに切った豆腐を盛り、2をのせたら完成。

MEMO

トッピングにピータンを刻んで入れたら、かなりグレードアップします。もし紹興酒があれば、たれに少し入れるとより本格的な味わいに。手軽なのに彩りもきれいなので、ホームパーティーの前菜としても最適です。

大西ロジック

トマト、きゅうり、長ねぎ、ザーサイのみじん切りは、頑張ってできるだけ細かくしましょう。見た目にお店で出てくるようなプロっぽさが出るうえに、やわらかい食感の絹ごし豆腐と絡んで一体となり、おいしくいただけます。

これは箸が止まらなくなる!

大根のパリパリ漬け

◎材料（つくりやすい分量）

大根…500g（1/2本）
赤唐辛子…3本
花椒…小さじ1/2
中華甘酢じょうゆだれ…適量

◎つくり方

1 大根を長さ5cm、太さ1cmの拍子木切りにし、ザルや網にのせて風通しのいい場所でひと晩干す。

2 ボウルに中華甘酢じょうゆだれ、1の大根、赤唐辛子、花椒を入れてひと晩漬けたら完成。大根がたれを吸って少し減るので、様子を見ながら中華甘酢じょうゆだれを足す。

MEMO

大根の代わりに、さっとゆでたにんじんやごぼう、きゅうりなど歯ごたえのしっかりある野菜を漬けてもOK。干す場所は外でも家の中でもいいのですが、できるだけ湿度の低い日を選ぶと、水分がしっかり抜けてパリパリの食感になります。

大西ロジック

ひと晩干して水分が抜けると、その分うま味が凝縮するので、大根の味が濃く感じられます。また、水分が抜けることで乾いたスポンジのようになり、たれをどんどん吸収して味が大根の奥まで浸透しやすくなります。

市販の餃子がプロの味に!

餃子のたれ

◎材料（2人分）

餃子（市販）…10個

A
- 中華甘酢じょうゆだれ …15cc（大さじ1）
- しょうゆ…5cc（小さじ1）
- ラー油…5cc（小さじ1）

◎つくり方

1 ボウルにAを入れてよく混ぜ合わせる。

2 餃子は表示通りに焼いて器に盛り、1を添えたら完成。

MEMO

ラー油は自家製のものをぜひ。前著『COCOCORO大西哲也のドヤ飯』（P. 54参照）を参考にしてつくってみてください。おろしにんにくやおろししょうがが、刻んだ長ねぎを少量加えると、より高級中華の味になるのでおすすめです。肉まんにつけても美味!

大西ロジック

酢としょうゆ、ラー油を混ぜただけのたれだと物足りないし、市販のたれでは甘すぎる。そこで、中華甘酢じょうゆだれにしょうゆを加えて味を調え、ラー油で風味と辛味をプラスすればワンランク上の味になります。

まだまだある!!

調味料にも、ドレッシングにも、スープにもなる中華甘酢じょうゆだれ。大いに活用できれば、日々の献立にも楽しい変化が生まれます。

1

ARRANGE

漬けるだけでごちそうに

食材にかけたり、食材を漬けたりするだけで、あっという間に中華風になるのが、このたれのすごいところです。

ピータンや、薄切りにしたゆで豚の雲白肉《ウンパイロウ》(中華風冷しゃぶ)などには、かけるだけで十分おいしくなります。また、素揚げしたなすにかけて揚げ浸しにすると、たれに油の甘味が加わって甘酸っぱい仕上がりに。

少しアレンジを加えて、中華甘酢じょうゆだれににんにくとしょうがのすりおろしを少々プラスし、もやしやきくらげを漬ければナムルに。ほうれん草やにんじんでもOK。もう一品欲しいときに、ささっとつくれてとても便利です。

2

ARRANGE

本格中華甘酢あんに

中華料理に欠かせない甘酢あんをつくるときも、もってこいのたれです。中華甘酢じょうゆだれを鶏ガラスープの素とお湯でのばし、水溶き片栗粉でとろみをつければあんの完成。即席なのに本格的な味になります。

焼きそばやかに玉、天津飯、八宝菜、中華丼、酢豚など、定番の中華料理にはもちろんのこと、素揚げした根菜や鶏肉、魚などにかけてもおいしいです。ぜひ活用してみてください。今まで中華料理は外食で食べるものだと思っていた方や、家でつくるのは面倒かもと思っていた方も、このたれさえあれば一気にハードルが下がります。

本場サ

パーティーにBBQに大活躍。夏はサルサに勝るものなし

すべての材料を切って混ぜるだけなので簡単。ほぼサラダのような構成で、とてもヘルシーです。あまりなじみのない味かもしれませんが、スペイン、メキシコ、テクス・メクス（メキシコ風アメリカ）料理には欠かせないソースです。

日本では「サルサソース」とよくいいますが、「サルサ」とはスペイン語で「ソース」の意味なので、「サルサソース」は変な言葉なのかもしれません。

スペインやメキシコではさまざまなサルサがあり、今回のサルサは「サルサ・メヒカーナ」をアレンジしたものです。メキシコの国旗をイメージしていて、赤はトマト、白は玉ねぎ、緑は本場ではパクチーが入りますが、好みが分かれるので本書ではピーマンで代用しました。僕を含めパクチー好きな方には、パクチーでも！　ぜひ挑戦してみてください。

◎材料（できあがり分量360g）

トマト…200g（1個）
玉ねぎ…50g（1/4個）
ピーマン…50g（小2個）
にんにく…3g（1/2片）
レモン汁…30cc（1個分）
タバスコ
…小さじ1/2～1（お好みで）
塩…3g（小さじ1/2）
ブラックペッパー…適量
オリーブ油…30cc（大さじ2）

◎つくり方

1　トマトは1cm角のさいの目切りに、玉ねぎ、ピーマン、にんにくはみじん切りにする。

2　ボウルに1、レモン汁、オリーブ油を入れて混ぜ合わせる。

3　タバスコ、塩、ブラックペッパーを味を見ながら加え、混ぜ合わせたら完成。

【保存期間の目安】
密閉保存容器に入れて冷蔵庫で3～4日間

大西ロジック

トマトの皮が気になる方は湯むきをするのがおすすめです。鍋にお湯を沸かしてトマトを入れると皮がはじけるので、湯から取り出せばスルスルと皮がむけます。

ルサソース

海の家でも、カフェ飯でもバッチリキマる

タコライス

◎材料（2人分）

ごはん…400g（茶碗2杯分）
牛ひき肉…200g
玉ねぎ…50g（1/4個）
レタス…適量
ミックスチーズ…30g
A
トマトジュース…30cc（大さじ2）
赤ワイン…30cc（大さじ2）
しょうゆ…10cc（小さじ2）
ウスターソース…12g（小さじ2）
オイスターソース…12g（小さじ2）
ケチャップ…12g（小さじ2）
本場サルサソース…50g
チリペッパーパウダー…適量
塩・こしょう…各適量
サラダ油…15cc（大さじ1）

MEMO
タコスやブリトーは、トルティーヤ（とうもろこしや小麦粉を使った薄い生地）に、タコミートやレタスなどを挟んだメキシコ&テクス・メクス料理。この具をごはんにのせたのがタコライスで、なんと沖縄発祥の料理なのだとか！

◎つくり方

1 タコミートをつくる。玉ねぎをみじん切りにする。

2 フライパンを強火で熱してサラダ油をひき、ひき肉を入れて片面だけ焼き色がつくまで焼く。

3 焼き色がついたら木ベラでほぐし、玉ねぎを加えてしんなりするまで中火で炒める。

4 ボウルにAを入れて木ベラで混ぜ合わせる。3に加えて汁気がなくなるまで中火で煮詰めたら、塩、こしょう、チリペッパーパウダーで味を調える。

5 器にごはん、ちぎったレタス、4のタコミート、本場サルサソース、ミックスチーズの順にのせたら完成。

大西ロジック

赤ワインの風味、ウスターソースのスパイス感でエギゾチックな味わいのタコミート。しょうゆを足すことで、コクとなじみのある味に近づけてバランスを取っています。クローブ、クミン、ナツメグを加えると、より本格的な味わいに。

夏を惜しんで、あえての和風に

冷製パスタ風サルサそうめん

◎材料(1人分)

そうめん…100g
本場サルサソース…100g
塩…適量
ブラックペッパー…適量
オリーブ油…適量

万能ねぎ…適量

◎つくり方

1 鍋に湯を沸かし、そうめんを表示通りにゆでる。しっかりと洗ってぬめりを取ったら、冷水にさらす。ザルに上げ、ザルの目にしっかり押しつけるようにして水気を切る。

2 ボウルに1のそうめん、本場サルサソース、塩、ブラックペッパー、オリーブ油を入れ、よく混ぜ合わせる。

3 器に2を盛り、小口切りにした万能ねぎを散らしたら完成。

MEMO

夏が終わると残りがちなそうめんを、パスタの代わりに使います。パスタよりゆで時間が短くて手軽。もちろんこのソースはパスタやうどんにもぴったりです。そうめんには塩が練り込まれているので、ゆでるときは塩は不要です。

大西ロジック

そうめんは水分を吸収する速度が早いので、水気をしっかり切ること。そうめんを水切りしたらザルに上げ、さらにしっかり水分を切ります。水分が残っているとソースが薄まってしまい、おいしさが半減してしまいます。

COCOCORO スタジアム名物
メキシカン・ホットドッグ

◎材料（1人分）

ホットドッグ用パン…1個
チョリソー…1本
レタス…適量
パクチー…適量
ハラペーニョ…適量
本場サルサソース…50g
ケチャップ…35g（大さじ2弱）

◎つくり方

1 フライパンかトースターでチョリソーをこんがりと焼き上げる。

2 ホットドッグ用パンをトースターで焼き目がつく手前くらいまで焼き、縦に切り目を入れる。

3 ホットドッグ用パンにレタス、チョリソーの順に挟み、ケチャップを塗る。ハラペーニョをのせて本場サルサソースをかけ、パクチーを添えたら完成。

MEMO

ホットドッグにケチャップや粒マスタードを塗るのは定番だけど、この本場サルサソースを使えばメキシコ風になります。酸味がきいてさわやかなので夏にもぴったり。パクチーの独特な風味もおいしさを後押ししてくれます。

大西ロジック

パンはそのままでもいいのですが、焼いたほうがパリッとして小麦粉の風味が引き立っておいしい。ウインナーの種類は、辛味があるチョリソーもおいしいですし、定番のウインナーやハーブ入りなどでも最高にウマいです。

イギリス風メキシカンのファストフード

フィッシュ・アンド・チップス・メヒコ風

◎材料（2人分）

トルティーヤチップス（市販）…適量
白身魚（タラなど）…200g
天ぷら粉…30g（大さじ3強）
本場サルサソース…60g
塩…適量
こしょう…少々
炭酸水…45cc（大さじ3）
サラダ油…適量

パセリ…適宜

◎つくり方

1 白身魚に塩少々を振り、冷蔵庫に10分おいて水分を出す。

2 キッチンペーパーで1を包み、しっかり水分を拭き取ったら、塩少々、こしょうを振る。

3 ボウルに天ぷら粉と炭酸水を入れて混ぜ、2に衣をつける。

4 深めのフライパンにサラダ油を160℃に熱し、3を2分揚げる。

5 器に4を盛り、トルティーヤチップス、本場サルサソースを添える。お好みでみじん切りにしたパセリを散らしたら完成。

MEMO

フィッシュ・アンド・チップスはイギリスの代表的料理ですが、ポテトをトルティーヤチップスに代え、サルサソースと合わせてメキシコ風にアレンジ。タラの他にもタイ、アジ、サバ、マグロなどでも、ソースとの相性はバツグン。

大西ロジック

市販の天ぷら粉は優秀で、少量でもつくれるうえに時間が経ってもサクサクでおいしいので、僕は積極的に使っています。炭酸水を加えることでたくさん空気が入り、フリットのようにふんわりサクッと仕上がります。

余ったサルサは飲むといい

ガスパチョ

◎材料（2～3人分）

食パン…20g（8枚切りを1/2枚弱）
きゅうり…100g（1本）
トマトジュース…200cc
本場サルサソース…50g
酢（白ワインビネガーがおすすめ）
…30cc（大さじ2）
砂糖…5g（小さじ2弱）
塩・こしょう…各少々
オリーブ油…適量

◎つくり方

1　ボウルにトマトジュースを入れ、ちぎった食パンを数分浸す。

2　きゅうりをみじん切りにし、トッピング用に小さじ1程度取っておく。

3　1のトマトジュース、2のきゅうり、本場サルサソース、酢、砂糖をミキサーにかけたら、塩、こしょうで味を調える。

4　器に3を盛り、きゅうりをトッピングし、オリーブ油を回しかけたら完成。

MEMO

ガスパチョはスペインを代表するスープ料理。各家庭で具材も見た目もさまざまです。ミキサーを持っていない人は刻んだものを混ぜるだけでもOK。もともとはすり鉢で具材をすりつぶしてつくっていたそうです。

大西ロジック

パンはどんな種類のものでもいいのですが、パンの耳や外側のかたい部分を入れると香ばしさが出ておいしくなるので、食パンやバゲットがおすすめ。白い部分のみ使えば赤や緑の色が際立ち、鮮やかな仕上がりになります。

まだまだある!!

具がたっぷりの本場サルサソースは、つけたりかけたりすれば食材との絡みがよく、挟んだり煮たりすれば料理のボリューム感がアップします。

1 ARRANGE ディップ感覚でおつまみに最適

もっともポピュラーな使い方としては、トルティーヤチップスなどにつけ、ディップのようにして食べること。

クリーミーなアボカドディップとセットにすると、おつまみに最適です。さっぱりとした本場サルサソースと、濃厚なアボカドディップは、食感は対照的ですが、味の組み合わせはバツグンにいいので手が止まらなくなります。トルティーヤチップスに、本場サルサソースと切ったアボカドを一緒にのせていただくのもアリ。

また、トルティーヤチップスに溶かしたチーズをかけたナチョスに、本場サルサソースをトッピングしても最強。バゲットや食パンにつけて食べてもいいでしょう。

2 ARRANGE メキシカン風サンドイッチに

ひき肉と玉ねぎを炒めて赤ワインやウスターソース、ケチャップなどで味を調えたタコミート。これをトルティーヤの生地にレタスと一緒にのせて、本場サルサソースをかけて包めばメキシコのファストフード、タコスに。サンドイッチ感覚で食べられてボリューム満点です。

本場サルサソースは水分が多いので、かける前にザルなどで汁気を切りましょう。そして生地でしっかり包んで食べれば、具がはみ出て落ちてしまうということも回避できます。

トルティーヤ以外にも、食パンやライ麦パンなどにのせ、オープンサンドのようにしてもおいしいです。

3

ARRANGE

アウトドアシーンでも活躍

バーベキューでも活躍してくれるのがこのソースのいいところ。牛肉や豚肉、鶏肉のかたまり肉を串に刺し、粗塩を振って炭火で焼き、それを削《そ》いで食べるのがブラジル式のバーベキューで、シュラスコといいます。シンプルな味つけなだけに、酸味と辛味のきいた本場サルサソースはぴったり。肉のおいしさを引き出しつつも、さっぱりといただくことができます。肉だけでなく、玉ねぎやなす、ピーマン、パプリカなども一緒に串刺しにして焼くとさらに美味！

日本のバーベキューでは甘辛系のたれが多いので、本場サルサソースは新鮮に感じるはずです。

4

ARRANGE

豆と混ぜればチリコンカンに

玉ねぎの甘味、トマトやレモンの酸味、ピーマンの苦味、タバスコの辛味など、料理をおいしくする要素が詰まった本場サルサソースなので、なんと即席チリコンカンができてしまいます。

もっとも簡単につくる方法は、豆をトマトソースで煮込んだチリコンカン用の缶詰「チリビーンズ」を使うこと。でも、これだけではまだまだ深みが足りないので、そこで投入するのが本場サルサソース。いろんな味がバランスよくひとつにまとまっているので、加えることで一気にグレードアップします。お好みでひき肉や、しっかり炒めた玉ねぎを加えてもいいでしょう。

優秀スイー

トチリソース

アジア旅行の切符はスーパーに売っている

「チリソース」といえば、タイ料理やベトナム料理の特徴的な味つけ。そのどちらもお店で食べたことはあるけれど、家でつくったことはないという人も多いことでしょう。ですが、ここでぜひ新しい扉を開けてもらいたい。おいしいけど何が入っているのかわからないという方も多いと思いますが、だからこそ料理の楽しさをぐっとアップさせてくれるのがアジア料理なのです。

いざつくろうと思い立ち、専用のスパイスや調味料を買ってくると、必ず余らせてしまうという方もいることでしょう。そこで優秀なのがこのスイートチリソース。ウマすぎて食べすぎてしまうほど。市販のスイートチリソースは少し甘味が強い気がするので、ライムジュースで酸味を加えつつ、ナンプラーでうま味を足してアジアンテイストに仕上げました。辛味、甘味、酸味、うま味のバランスが絶妙で、限りなく本場のタイ料理に近づいているはず。

◎材料（できあがり分量500g）

スイートチリソース（市販）…1本（250g）
100%ライムジュース…125cc
ナンプラー…125cc

◎つくり方

ボウルにすべての材料を入れ、ゴムベラで全体がなじむまでよく混ぜ合わせたら完成。

【保存期間の目安】
密閉保存容器に入れて冷蔵庫で１週間

大西ロジック

100%ライムジュースはカクテルなどをつくるときによく使うので、酒屋に行くと手に入りやすいです。もしなければレモン汁に変えてもOK。より酸味が立つソースになります。

火入れのコツで、神食感に

ふわとろ卵とトマトのチリソース炒め

◎材料（2人分）

トマト…200g（1個）
長ねぎ（白い部分のみじん切り）…大さじ1
卵…3個
水溶き片栗粉
…適量（片栗粉小さじ1、水小さじ2）

A
- 優秀スイートチリソース…50g
- 顆粒鶏ガラスープの素…3g（小さじ1）
- 水…30cc（大さじ2）

塩…3g（小さじ1/2）
サラダ油…適量

MEMO

鶏ガラスープの素や塩、しょうが、ごま油で仕上げる中華風のこの料理をタイ風にアレンジ。食材は同じなのに、優秀スイートチリソースを使えば、イメージも味もがらりと変わった一品に。甘酸っぱさと卵のやさしい味がよくマッチしています。

◎つくり方

1 トマトのヘタを取り、反対側の中央部分に十字に切り込みを入れる。鍋に湯を沸かしてトマトを入れ、皮がはじけたら取り出して皮をむき、ひと口大のくし形切りにする。

2 ボウルに卵と塩を入れ、白身を切るようにして菜箸で溶きほぐす。フライパンを中火で熱してサラダ油少々をひき、卵液を入れる。かき混ぜながら半熟にし、ボウルに戻す。

3 再びフライパンにサラダ油少々を熱し、トマトをやわらかくなるまで炒める。

4 混ぜ合わせたAを3に加え、ひと煮立ちさせたら火を止める。

5 水溶き片栗粉を2回に分けて混ぜながら回し入れ、とろみをつけたら再び中火にかける。

6 長ねぎと2の卵を加え、卵を切るようにしながら1分煮立たせたら完成。

大西ロジック
ふわふわ卵に仕上げるには、火入れは半熟程度にとどめることです。フライパンに入れたままにしておくと、どんどん火が入ってしまいます。いったん火から下ろしてから仕上げることで、トロトロ感をキープしてください。

本場タイ屋台の味

鶏肉のスイートチリソース和え

◎材料（2人分）

鶏もも肉…250g（1枚）
パクチーの根…2本分
にんにく…5g（1片）
優秀スイートチリソース…30g

A
- しょうゆ…15cc（大さじ1）
- 砂糖…12g（大さじ1と1/3）
- 塩…1g（小さじ1/6）
- ブラックペッパー…1g（小さじ1/2）

パクチー…適宜

◎つくり方

1. 鶏肉は余分な脂や軟骨、筋を取り除き、フォークで全体に穴をあける。
2. にんにくはすりおろし、パクチーの根は細かく刻む。
3. ボウルに2とAを入れて混ぜ合わせたら、1の鶏肉を入れて揉み込む。密閉保存袋に入れ、冷蔵庫で1時間〜ひと晩寝かせる。
4. 3を冷蔵庫から出し、200℃に予熱したオーブンで20分焼く。
5. 食べやすい大きさに切って器に盛り、優秀スイートチリソースを添えたら完成。お好みでパクチーを添え、ソースで和えていただく。

MEMO

タイの屋台などで食べられる焼き鳥の「ガイヤーン」を再現。「ガイ」は鶏肉、「ヤーン」は焼くという意味で、鶏肉をスパイスやソースに漬け込んで焼いたもの。タイ旅行したときに、おいしくて毎日食べていました。

大西ロジック

鶏肉にたれを絡めているため、焼くときに焦げつきやすいので注意が必要。中温で様子を見ながら、じっくり焦げつかないように焼くこと。オーブンがなければフライパンで焼きましょう。

パーティーを盛り上げる華やかな前菜

鶏肉とエビの生春巻き

◎材料（2人分）

ライスペーパー…4枚
鶏ささみ肉…2本
エビ…4尾
きゅうり…100g（1本）
水菜…100g（1/2束）
パクチー…適量
優秀スイートチリソース…適量

◎つくり方

1 鍋に湯を沸かし、鶏肉を入れて湯通ししたらほぐす。

2 エビは殻をむいて背わたを取り、透明感が少し残る程度に湯通ししたら縦半分に切る。

3 きゅうりはマッチ棒くらいの太さの細切りにする。水菜は冷水に浸してシャッキリさせ、ライスペーパーの直径より少し短めの長さに切る。

4 ライスペーパーを水にくぐらせ、ラップを敷いたまな板の上にのせる。鶏肉、きゅうり、水菜をのせてひと巻きしたらエビとパクチーが外側になるようにのせて巻く。器に盛り、優秀スイートチリソースを添えたら完成。

MEMO

具材は、巻けるものならどんなものでもOKです。ニラや万能ねぎ、ハム、サーモンなども優秀スイートチリソースとの相性が◎。ソースは他に、ナンプラーを直接つけたり、ペースト状の味噌を添えたりしてもGOOD。

大西ロジック

ライスペーパーは面倒でも1枚ずつぬらすようにしましょう。複数枚同時に水にくぐらせるとくっついてしまったり、水をつけすぎるとだらんとなり、破れやすいので注意。少し面倒でも霧吹きを使えば、ぬらしすぎの防止に。

完成度が高すぎて、自分でもビックリした

簡単トムヤムクン

◎材料（2人分）

有頭エビ…4尾
セロリ…100g（1本）
しめじ…1パック
にんにく…10g（2片）
レモンの皮…少々
レモン汁…1/4個分
赤唐辛子…2本
A
優秀スイートチリソース…100g
味噌…20g（大さじ1強）
顆粒鶏ガラスープの素…5g（小さじ2弱）
水…300cc
ラー油…適量
サラダ油…30cc（大さじ2）

パクチー…適宜

MEMO
ブイヤベース、フカヒレスープと並ぶ世界三大スープのトムヤムクンを、身近な食材でつくれるレシピをやっとの思いで完成させました。エビの代わりに鶏肉、白身魚、豆腐、白子などでも美味。〆にはラーメンやフォーを入れて。

◎つくり方

1 エビは殻をむき、頭と身部分に分ける。

2 レモンの皮は洗剤とタワシでしっかり洗い、皮を少量むいて包丁の背で軽くたたく。セロリは長さ5cmの斜め薄切りに、にんにくは薄切りに、しめじは石づきを取ってほぐす。

3 深手の鍋にサラダ油とエビの頭、にんにく、赤唐辛子を入れて中火にかける。エビの頭がやわらかくなったら木ベラで押しつけてエビのみそを出す。

4 にんにくの香りが立って色づいてきたらセロリ、しめじ、レモンの皮を加えて軽く炒める。

5 ボウルにAを入れて混ぜ合わせ、4に加えて煮込む。ひと煮立ちさせたら弱火にし、10分煮る。

6 エビの身を加えて1〜2分、エビの色が変わって火が通るまで煮立てる。ラー油をたらし、レモン汁を加えたら完成。器に盛り、お好みでパクチーをのせる。

大西ロジック

エビの頭とにんにくを丁寧に炒めることで、うま味や香りを引き出します。また、本場のトムヤムクンで使うレモングラスは手に入りにくいので、レモン+セロリで再現。興味を持ったら、ぜひ本場の材料でもチャレンジしてみてください。

一度食べたら絶対に忘れられなくなる

タイ風 春雨サラダ・ヤムウンセン

◎材料（2人分）

春雨…20g
豚ひき肉…50g
むきエビ…6尾
紫玉ねぎ…25g（1/8個）
パクチー…適量
きくらげ…20g（水で戻した状態で）
優秀スイートチリソース…50g

MEMO

タイでは定番のメニューで、初のタイ旅行で食べた思い出のサラダ。味の決め手はなんといってもソースで、このサラダのためにこの優秀スイートチリソースを考案したと言っても過言ではありません。具材は鶏肉、イカなどの魚介を使ってもおいしくいただけます。

◎つくり方

1 春雨は水で5分戻し、少しやわらかくなったらキッチンバサミで10cm程度に切る。

2 きくらげは千切りにする。紫玉ねぎは繊維を断つように薄切りにし、冷水に10分さらす。

3 エビは背わたを取る。

4 鍋に湯を沸かし、ひき肉ときくらげを1分湯通ししたら湯切りをする。

5 同じ湯で、エビを透明感が少し残る程度まで30秒湯通ししたら湯切りをする。

6 同じ湯で、春雨を透明になるまで湯通ししたら湯切りをする。

7 ボウルに優秀スイートチリソース、春雨、ひき肉、エビ、きくらげを入れ、菜箸でよく混ぜる。紫玉ねぎ、ちぎったパクチーを加え、軽く混ぜ合わせたら完成。

大西ロジック

春雨は長いままだと食べにくいので、少し短く切っています。ひき肉やエビを湯通しした湯で春雨も湯通しします。ひき肉とエビのうま味が残っているので、春雨にもそのうま味が移り、より味わい深い春雨サラダになります。

まだまだある!!

なじみがないアジア料理も、これがあれば一気にレパートリーが広がります。
いつものメニューの味つけをこれに変えるだけで、気分はアジア旅行!

ARRANGE 1
ドレッシング感覚で使える

甘酸っぱくて、絶妙な辛味がある優秀スイートチリソースは、野菜や白身魚などにドレッシング感覚で使えます。

たとえば、タラのホイル焼きや蒸し鶏、きゅうり、レタス、大根やにんじんといった、比較的味の主張が強すぎない食材に合うでしょう。

最近人気のベトナムのサンドイッチ、バインミーの仕上げにも。フランスパンにレバーペーストを塗り、なますを挟んでそこにかけるだけ。レバーペーストのどっしりとした味わいと、なますの酸味を上手にまとめてくれます。

また、温野菜のドレッシングとしても活躍。野菜のうま味とソースの甘味、辛味がよく合います。

ARRANGE 2
屋台料理を自宅で再現

アジアごはん好きな人ならたまらないナシゴレンやパッタイ、ガパオ風炒めなどが、このソースさえあれば自宅でも簡単につくれます。

ナシゴレンはマレーシアやインドネシアの焼き飯で、仕上げの味つけに。タイの屋台料理でおなじみのパッタイはタイヌードルで、卵とフォー、エビやナッツを優秀スイートチリソースと24ページの万能味噌だれで味つけします。鶏肉とピーマン、パプリカ、バジルを炒め合わせたガパオにもよく合うソースです。

しょうゆとの相性もいいソースなので、エビチリの味つけにしたり、豚肉や鶏肉を炒めたりしてもおいしく、かなり使い勝手がいいソースなのです。

4つのガチ勢向け上級だれ

貪欲《どんよく》に、おいしいものを追い求め続ける方のための、
ガチ勢向けの上級だれ。
僕がとことん研究して、理想の味を追い求めた結果、
できあがった我が子のようにかわいい、自慢のたれです。
材料をそろえるのにちょっと手間がかかるかもしれません。
でもそれすら楽しい、いとおしい時間。
そう思えたらもうあなたはガチ勢のひとりです。
ぜひ、たれをつくって料理をする時間を楽しみ、
新しい扉を開いてみてください。

本格よだれ

鶏のたれ

Welcome to 四川

「思い出すだけでよだれが出てくるほどおいしい」というのが名前の由来ともいわれる、中国は四川地方の料理。かくいう僕も、とある店で食べたとき、あまりのおいしさに衝撃を受けました。再現しようと思ってつくったこのたれを、満《まん》を持《じ》して本書で紹介します。

よだれ鶏のために開発しましたが、餃子のたれ、冷やし麺のたれ、サラダのドレッシングとしても超優秀です。

つくり方は簡単ですが、材料を集めるのが大変かもしれません。黒酢、中国しょうゆ、豆《トウ》豉《チ》が自宅にあって普段使っているという方は少ないと思いますので、ぜひ探して買ってみてください。中華食材を多く扱っている店や、中華街などではすぐに見つけられると思います。こういう新しい調味料との出会いもまた料理の楽しみのひとつです。

◎材料（できあがり分量180g）

にんにく…5g（1片）
しょうが…5g（1/2片）
豆豉…5g
豆板醤…5g（小さじ1弱）
中国しょうゆ
…35cc（大さじ2と1/3）
中国黒酢…50cc
酢…20cc（大さじ1と1/3）
砂糖…50g

◎つくり方

1　にんにく、しょうが、豆豉をみじん切りにする。

2　ボウルにすべての材料を入れ、よく混ぜ合わせたら完成。

【保存期間の目安】
密閉保存容器に入れて冷蔵庫で1週間

大西ロジック

豆豉は黒豆に塩を加えて発酵させた調味料で、独特な風味があります。蒸し料理や炒め物によく使われる調味料で、これがあると一気に本場の中国料理に近づけます。

いちばん本格的なレシピを目指す

絶品よだれ鶏

◎材料（2人分）

骨つき鶏もも肉…1本
きゅうり…100g（1本）
パクチー…適量
紹興酒…100cc
白炒りごま…適量
花椒…適量
本格よだれ鶏のたれ…適量
ラー油…適量
塩…8g（小さじ1と1/3）
湯…1.5ℓ

MEMO

よだれ鶏が名物の、とある中華の名店でいただいた味に感動し、どうしても再現したくて試行錯誤の末にたどり着いたこのレシピ。甘くて辛くて香り高い！　冷やし麺を入れたり、残った汁はスープや鍋つゆ、ラーメンスープに使ったりしても◎。

◎つくり方

1　きゅうりは細切りにする。

2　鍋に湯を沸かし、鶏肉をゆでる。再沸騰したら火を止め、ふたをして30分おき、氷水に取って15分しっかり冷やす。

3　2の鍋の湯に紹興酒と塩を加え、塩を溶かす。粗熱を取ったら鶏肉を戻し入れ、冷蔵庫でひと晩寝かせる。

4　キッチンペーパーで鶏肉の水分を拭き取る。骨に沿ってキッチンバサミで鶏肉を切り、骨を外してひと口大に切る。

5　器にきゅうりを盛り、鶏肉をのせてパクチーと白ごまをトッピングする。本格よだれ鶏のたれ、ラー油、花椒をかけたら完成。

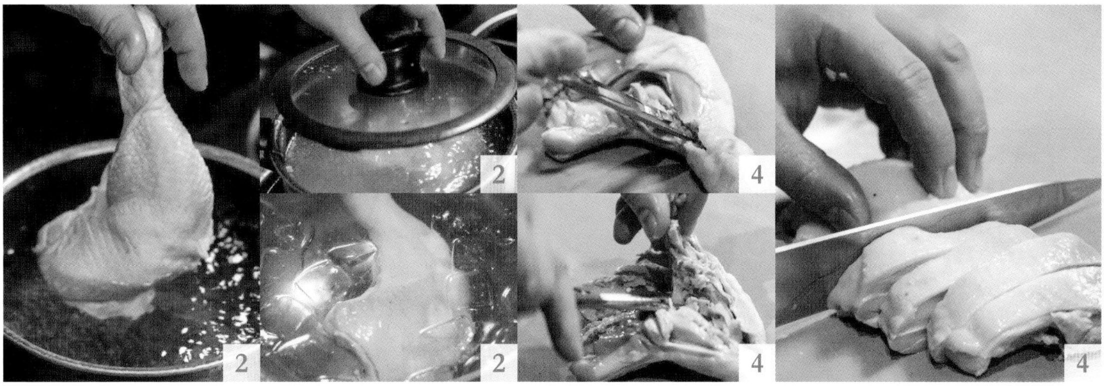

大西ロジック

骨を外した一枚肉と比べて、骨つき肉は加熱によって骨のうま味が鶏肉の身部分に移ります。骨のまわりの筋線維が縮みにくいので、やわらかい仕上がりに。加熱後は、急激に冷やすことで鶏肉にプリッとした食感が生まれます。

4000年を越えてゆけ!

黒酢酢豚

◎材料（2人分）

豚肩ロース肉…200g
長ねぎ（白い部分）…適量
溶き卵…1/2個分
紹興酒…少々
片栗粉…適量
水溶き片栗粉
…適量（片栗粉小さじ1、水小さじ2）
A
- 赤ワイン…30cc（大さじ2）
- 本格よだれ鶏のたれ…100g
- 水…60cc

塩・こしょう…各少々
サラダ油…適量

MEMO

糖醋肉《タンツウロウ》と呼ばれる北京料理で、高級中国料理店でも人気のメニューです。独特のあんの香りとこっくりとした味で、白いごはんにもお酒にもバッチリ合います。この本格よだれ鶏のたれを使ってつくれば、本場よりもさらにおいしいかも。

◎つくり方

1 長ねぎに縦に切り目を入れ、中の芯を取り出す。外側部分だけを重ね、端からごく細く切り、白髪ねぎをつくる。

2 豚肉の片面に格子状に切り目を入れ、裏返してひと口大に切る。ボウルに豚肉、塩、こしょう、紹興酒を入れ、粘りが出るまで揉み込む。

3 溶き卵を加えてさらに揉み込み、豚肉が卵液を吸ったら片栗粉をしっかりまぶす。

4 中華鍋にたっぷりのサラダ油を160℃に熱し、2の豚肉を3分揚げる。揚がったら1分休ませる。

5 4の油を180℃まで熱し、豚肉を戻し入れて1分揚げたら引き上げる。

6 鍋の油を捨てたら強火で熱し、サラダ油大さじ1をひく。混ぜ合わせたAを入れ、ひと煮立ちさせたら火を止める。

7 水溶き片栗粉を2回に分けて回し入れ、とろみをつける。

8 再び火にかけ、ひと煮立ちさせたら5の豚肉を戻し入れる。鍋肌からサラダ油大さじ1を回し入れ、つやが出るまで全体を絡める。

9 器に8を盛り、1の白髪ねぎをのせたら完成。

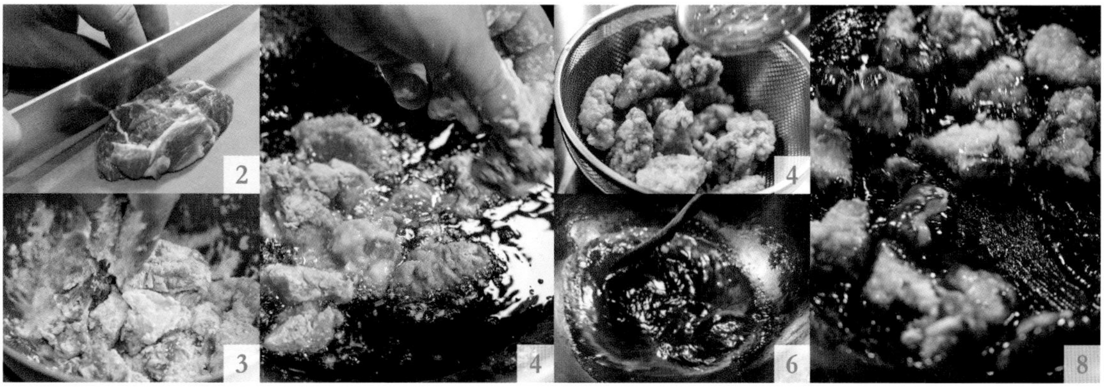

大西ロジック

豚肩ロース肉は弾力があってかためですが、うま味が強い部位。格子状に切り目を入れることでやわらかく、また火の入りが均等になり、味も染み込みやすくなります。また、卵液を含ませることで保水力が高まり、ジューシーな食感に。

絶妙タルタ

洋食の戦闘力を８倍にする

マヨネーズにさまざまな具材を加えたフランス生まれのソース、タルタルソース。

渋谷を歩いているときに「日本一ごはんに合うタルタルソース」の看板を見つけて研究心に火がつき、独自の理論を集結させ、他では食べられないおいしいタルタルソースを完成させることができました。

本場ではピクルスやケイパーを使いますが、代わりにらっきょうの甘酢漬けを入れることでほどよい甘味とうま味をプラスします。

また、ジンやわさびを入れることで、ハーブの香りとさわやかな苦味や辛味が、マヨネーズ特有のもったりとした感じや味を引き締めてくれます。オイスターソース、ウスターソース、にんにくのうま味もプラスされています。ご賞味あれ！

◎材料（できあがり分量150g）

卵…1個
らっきょう（甘酢漬け）…40g
パセリ（みじん切り）…小さじ1
にんにく…5g（1片）
わさび（すりおろし）…小さじ1/4
ジン…5cc（小さじ1）
マヨネーズ…20g（大さじ1と2/3）
ウスターソース…6g（小さじ1）
オイスターソース…5g（小さじ1弱）
酢…20cc（大さじ1と1/3）
はちみつ…15g（小さじ2強）

◎つくり方

1　卵はかためにゆで、細かく切る。らっきょうはみじん切りにする。にんにくはすりおろす。

2　ボウルにすべての材料を入れ、泡立て器でよく混ぜ合わせたら完成。

【保存期間の目安】
密閉保存容器に入れて冷蔵庫で３日間

大西ロジック

らっきょうの代わりにしば漬けやたくあんでもでもいいでしょう。ちょっと辛味を強めたければ玉ねぎもアリ。細かくみじん切りにし、水にさらせばほどよい辛味になります。

ルソース

ふわっとジューシーに

サックサクのアジフライ

◎材料（2人分）

アジ…2尾
卵…1個
小麦粉…少々
パン粉…少々
絶妙タルタルソース…適量
塩…少々
サラダ油…適量

キャベツ…適宜
レモン…適宜

MEMO

フライといえばアジフライですが、イワシ、サバ、マグロ、イカ、エビ、ホタテなど、どんな魚介でもおいしく仕上がります。僕の地元である北海道では、ホッケフライやサケフライもよく食卓に並びます。

◎つくり方

1 アジを背開きにする。ぜいごを取り、包丁の刃先でなでながらウロコを取る。胸ビレ、腹ビレ、頭を切り落とし、指を腹の部分に入れて内臓を取り除く。流水で洗い、背側から開いて中骨を取る。

2 アジの両面に塩を軽く振って冷蔵庫で10分寝かせたら、出てきた水分をキッチンペーパーで押さえてしっかり拭き取る。

3 小麦粉を薄くはたいたら溶いた卵にくぐらせ、パン粉を押さえつけながらしっかり衣をつける。

4 フライパンにアジが浸るくらいのサラダ油を180℃に熱し、アジを皮目から入れ、裏表1分ずつきつね色になるまで揚げる。

5 器に盛り、絶妙タルタルソースを添えたら完成。お好みで千切りにしたキャベツ、くし形切りにしたレモンを添える。

大西ロジック

アジは開きを買ってきてもいいのですが、調理直前に背開きにしたほうが鮮度が高く、おいしく仕上がります。背開きが難しい場合には三枚おろしでもOK。塩を振って余分な水分と臭みを抜くことで、うま味が凝縮されます。

宮崎県民も大納得

ジューシーなチキン南蛮

◎材料（2～3人分）

鶏むね肉…350g
卵…1個
小麦粉…適量
絶妙タルタルソース…適量
A　しょうゆ…50cc
　酢…50cc
　砂糖…40g
酒…適量
塩・こしょう…各適量
サラダ油…適量

MEMO

宮崎県の郷土料理であるチキン南蛮は、揚げた鶏肉にタルタルソースをつける料理だと思っていませんか？　タルタルソースありきではなく、鶏肉を甘酢に漬けたのがチキン南蛮。でもやっぱり、タルタルソースとのコンビは最強です。

◎つくり方

1　鶏肉は皮を取り除き、50gずつ削ぎ切りにする。

2　ボウルに鶏肉、酒、塩、こしょうを入れ、粘りが出るまで揉み込む。溶いた卵を半量加え、さらに揉み込む。

3　小麦粉をまんべんなくまぶし、残り半量の卵にくぐらせる。

4　深めのフライパンに鶏肉が浸るくらいのサラダ油を170℃に熱し、3の両面を3分ずつ揚げる。

5　ボウルにAを入れて砂糖がしっかり溶けるまで混ぜ合わせ、4が熱いうちに入れて1分浸ける。

6　器に盛り、絶妙タルタルソースをかけたら完成。

大西ロジック

鶏肉をジューシーに仕上げるには、溶き卵をしっかりと揉み込むこと。鶏肉が卵液を吸って保水力がアップします。衣は小麦粉→卵の順にすることでふわっとした衣になり、甘酢を吸っておいしくなります。

最強バルサ

ミコソース

完全に家ではやらないやつ

バルサミコ酢をベースに、にんにくの風味、カシスの甘味や濃厚さ、しょうゆやみりんのうま味が加わった、とても複雑な味わいのソースです。

ステーキなどに合いそうな洋風のソースに、少しだけ和の調味料を混ぜ合わせることで、なじみのあるまとまった味になります。料理好きの仲間内でも一歩抜きんでることができるソースとなるでしょう。

ソースをつくるうえでのポイントは、しっかりと煮詰めること。最初はサラサラしているのですが、煮詰めるとだんだんと粘度が出てきます。泡が大きくなってきたら、仕上がりのサイン。加熱することで酸味が飛んで、甘味とうま味が増してくるので、それを感じられれば完成です。

◎材料（できあがり分量100g）

にんにく…10g（2片）
赤ワイン…30cc（大さじ2）
カシスリキュール…50g
バター…20g（大さじ2弱）
しょうゆ…30cc（大さじ2）
みりん…30cc（大さじ2）
バルサミコ酢…100cc
砂糖…12g（大さじ1と1/3）
塩…3g（小さじ1/2）

◎つくり方

1 にんにくを包丁の刃の平らなところで押さえてつぶす。

2 鍋にバターを弱火で温め、にんにくと砂糖を入れる。にんにくの香りが立ってバターが色づいてきたら、すべての材料を入れて中火にかける。

3 焦がさないように木ベラで鍋底からかき混ぜ、軽く粘度が出るまで5～10分、中火で煮詰める。

4 半量～1/3量になり、粘度が出て酸味が飛んだら、にんにくを取り出して完成。

【保存期間の目安】
密閉保存容器に入れて冷蔵庫で2週間

大西ロジック

バルサミコ酢はぶどうの果汁を煮詰めて木樽《きだる》で熟成させます。そのため、どんな木材の樽なのか、何回移し替えるのかによって風味や香りに違いが出るのだそう。

今年はやっちゃえ“家ジビエ”

北海道産 エゾ鹿肉のロースト

◎材料（3～4人分）

エゾ鹿肉（シンタマ）…400g
ローリエ…1枚
最強バルサミコソース…適量
塩…6g（小さじ1）
ブラックペッパー（粗挽き）…2g（小さじ1）
オリーブ油…15cc（大さじ1）

MEMO

バルサミコソースには赤身肉がよく合います。鹿肉はかたい、臭い、クセがあるという先入観があるかもしれませんが、一流のハンターが仕留めて処理されていればやわらかく、臭みのない最高の赤身肉。牛肉で代用するならランプや内ももなどが◎。

挑戦したい人は
ぜひ北海道の鷹栖町《たかすちょう》の「山恵《さんけい》」から
インターネットで購入してください。
http://takasu-sankei.com/

◎つくり方

1 鹿肉に塩、ブラックペッパーをまぶし、30分寝かせる。

2 密閉保存袋に1、ローリエ、オリーブ油を入れる。

3 ボウルに水を張り、2を入れて空気を抜きながら封をする。

4 鍋に63℃の湯を張って3を入れ、90分低温調理をする（低温調理器がなければ炊飯器の保温で調理する）。

5 密閉保存袋から鹿肉を取り出し、表面をフライパンで焼くかバーナーであぶって焼き目をつける。

6 5分休ませたら薄切りにし、器に盛る。最強バルサミコソースを添えたら完成。

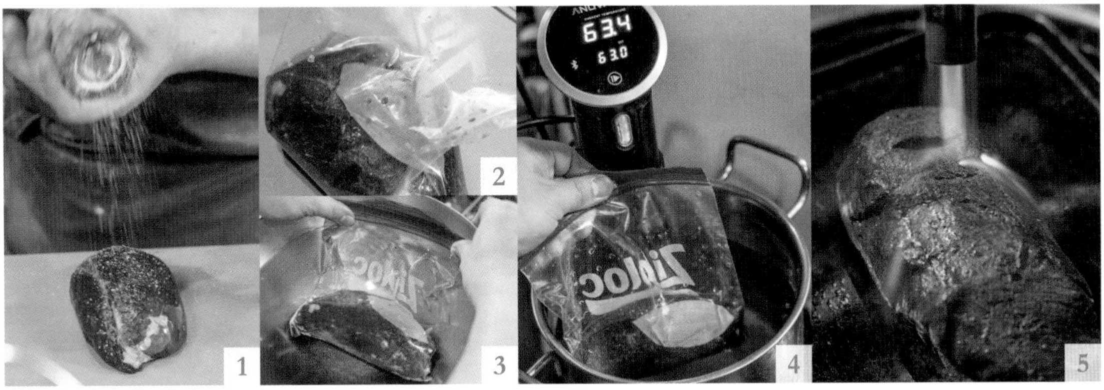

大西ロジック

鹿肉は加熱によってかたくなりやすいのが特性。低めの温度でゆっくり加熱することでやわらかく仕上げます。野生動物なので、産地などでも個体差があります。比べたり工夫したりして、ジビエ料理を楽しんでみてください。

おしゃれすぎて思わずドン引き

焼きホタテのカルパッチョ

◎材料（2～3人分）

ホタテ貝柱（刺身用）…10個
パセリ…適量
バター…12g（大さじ1）
最強バルサミコソース…適量
塩…適量
ブラックペッパー…適量
ピンクペッパー…適量
オリーブ油…適量

MEMO

ホタテはあえてスライスせず、貝柱のまま調理。しっかり噛むことで味を出すというねらいがあります。ホタテの他、サーモン、マグロ、ホッキ貝、白子、ヒラメ、キンメダイなどさまざまな魚介のカルパッチョにも、このソースならよく合います。

◎つくり方

1　バットに塩を振り、その上にホタテを並べてさらに塩を振り、冷蔵庫に10分おく。

2　キッチンペーパーでホタテを包み、水分を拭き取る。

3　フライパンにバターを弱火で温め、ホタテを動かさないようにして焼く。裏面に焼き色がついたら裏返し、もう片面も焼き色がつくまで焼く。

4　器に3を盛り、みじん切りにしたパセリ、ブラックペッパー、ピンクペッパー、オリーブ油、最強バルサミコソースをかけたら完成。

大西ロジック

ホタテの表面に焦げ目をつけることでメイラード反応が起こり、香ばしく仕上がります。中心部は半生にすれば、独特の食感とうま味が生まれ、ホタテ本来のおいしさを味わえます。これをフレンチでは「ミキュイ」といいます。

激ウマ自家

製マヨネーズ

すべての野菜をごちそうにする

マヨネーズを自分でつくるときに難しいのは、油分と水分を混ぜ合わせる「乳化」という作業があること。僕のレシピでは、オリーブ油とワインビネガーが混ざりにくいので、オリーブ油を少しずつ入れることで徐々に乳化させていきます。

また、自家製と言いつつ、市販のマヨネーズを入れているのがポイントで、親しみやすい味にバッチリキマるうえに、乳化もしやすくなります。

スペイン料理ではなじみがある、にんにく入りのマヨネーズ「アイオリソース」に似たソースです。うま味や香りに個性があるにんにくやアンチョビ、マスタードを加えることで、複雑な味わいのマヨネーズに仕上がっています。シンプルにサラダにかけるのもいいし、炒め物の調味料としても使えます。

◎材料（できあがり分量230g）

アンチョビ（ペースト）…10g
にんにく…5g（1片）
卵黄…1個分
マヨネーズ…60g
ワインビネガー…12cc（小さじ2強）
粒マスタード…15g（大さじ1）
塩…2g（小さじ1/3）
こしょう…1g（小さじ1/2）
オリーブ油…120cc

◎つくり方

1 にんにくをすりおろす。

2 ボウルにオリーブ油以外のすべての材料を入れ、泡立て器で混ぜ合わせる。

3 オリーブ油を糸を引くようにたらしながら加えて混ぜ、乳化したら完成。

【保存期間の目安】
密閉保存容器に入れて冷蔵庫で4～5日

大西
ロジック

油と酢だけではどんなに攪拌《かくはん》してもしっかり乳化はしません。そこを取り持つのが水と油に親和性がある卵黄。まず酢と卵黄をしっかり混ぜ合わせることがポイントです。

自家製マヨネーズのうま味爆発!

サクッとプリプリのエビマヨ

◎材料（2人分）

エビ…200g
卵…1個
片栗粉…50g
紹興酒…少々
A
　激ウマ自家製マヨネーズ…100g
　ジン…5cc（小さじ1）
　ケチャップ…15g（大さじ1弱）
　練乳…20g（大さじ1強）
塩…適量
こしょう…少々
サラダ油…適量

MEMO

エビマヨは日本生まれの中華料理。広東《カントン》料理の巨匠・周富徳《しゅうとみとく》氏が考案して広めたとされています。練乳でやさしい甘味を加えるのが特徴。仕上げにジンを入れることで、ハーブの香りと苦味で味が引き締まり、全体がまとまります。

◎つくり方

1 エビの殻をむき、背わたを取り除く。ボウルにエビと塩少々を入れ、粘りが出るまで揉み込む。エビ全体にまぶすように片栗粉と水各少々（分量外）を加え、エビの汚れを取るように揉み込む。水で洗い流し、キッチンペーパーでしっかり水気を拭き取る。

2 ボウルにエビを入れ、紹興酒、塩少々、こしょうを全体に振りかけ、粘りが出るまで揉み込む。

3 溶いた卵を加え、エビが卵液を吸い込むまで揉み込む。

4 片栗粉を少しずつ加え、しっかりとエビに衣をまとわりつける。

5 フッ素加工のフライパンにエビが半分浸かるくらいのサラダ油を180℃に熱し、エビを1尾ずつ並べる。片面がきつね色になったら裏返し、もう片面もきつね色になるまで揚げる。

6 ボウルにAを混ぜ合わせ、油をよく切ったエビを和えたら完成。

大西ロジック

エビを塩と片栗粉で揉む込むことで、汚れと一緒に余分な水分や臭みを取り除きます。しっかりと水気を切ってから卵液を吸わせることで、保水力が高まりプリプリの食感に。このひと手間が成功へのカギです。

我が家はビストロ!

ウフマヨネーズ

◎材料（2人分）

卵…2個
激ウマ自家製マヨネーズ…適量
ブラックペッパー…適量

◎つくり方

1　卵の殻の底に針や安全ピンなどで小さな穴をあける。

2　鍋に湯を沸かし、卵を入れる。時々転がしながら8～10分ゆで、かための半熟ゆで卵をつくる。

3　氷水に2を入れて冷やし、表面全体に細かいヒビを入れてから殻をむく。

4　器に激ウマ自家製マヨネーズをのせ、半分に切った卵を盛る。黄味の上にも激ウマ自家製マヨネーズをのせ、ブラックペッパーを振ったら完成。

MEMO

「ウフ」はフランス語で卵のこと。ビストロの前菜の定番料理です。ゆで卵にマヨネーズをかけるシンプルなレシピだからこそ、マヨネーズのおいしさがダイレクトにわかります。見栄えもいいので、ホームパーティーの前菜にも。

大西ロジック

卵は、ゆでている間に空気が膨張して殻が割れやすくなります。そこで卵の底に穴をあけることで、膨張した空気の逃げ道をつくるのです。また、ゆでたらすぐに冷水にさらすことで殻がむきやすくなります。

たれを応用する
スーパーテクニック

12種の神だれを習得してしまったという方は、
たれをフル活用して、
ぜひ無限レシピへのチャレンジをしていただきたい！
たれにちょっと何かを足せば、深みのある、うま味のある、
心地よいクセのある、新たなたれやソースに変身させられたり、
オリジナルのラーメンスープや鍋つゆだってつくれます。
こうした足し算や応用ができるスーパーテクニックを知れば、
「料理好き」のレベルは余裕で突破。
自他ともに認める〝相当な〟料理上手になれます。

神だれをさらに伝説にしてくれる

たれ界の助演男優たち

ここまで、8 つの黄金だれと 4 つの上級だれの、12 の「神だれ」のつくり方をご紹介してきましたが、
神だれの神たる所以《ゆえん》は、そのアレンジの多さにもあるのです。
さまざまな神話でも、神様たちはいろんな姿に変化して数々の伝説を残していますしね。
家に眠っている、でもいつか使うだろうとなかなか捨てられない香辛料や薬味たちは、
たれを“伝説”のたれに変身させてくれる、素晴らしい助演男優たちなのです。
組み合わせは無限にあり、それを考えるのも楽しいのですが、ここでは私のおすすめアレンジを少しだけ紹介します。

調味料

さらに極上だれに仕上げたい――。
そんなときにプラスオンすると、格段にウマくなる調味料たちがこの5つ！

【バター】コク、濃厚さ、ミルク感でリッチに

牛乳から分離したクリームを練って固めたバターは、牛乳のおいしさがギュッと凝縮されていて、たれに深みを持たせてくれます。

例　味つけしょうゆだれ(P. 10)＋バター＋レモン汁＝魚のソテーなどのソース、万能味噌だれ(P. 24)＋バター＝ちゃんちゃん焼きのたれ

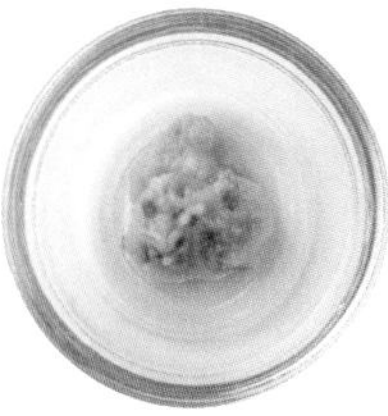

【わさび】香り、辛味、清涼感でさっぱりと

独特の香りとツンとくる辛味が、たれにも、たれを使った料理にもパンチを与えてくれ、おいしさを際立たせてくれます。

例　味つけしょうゆだれ(P. 10)＋わさび＝タコわさのたれ、絶品ねぎ塩だれ(P. 40)＋わさび＝焼肉のたれや炒め物の味つけに

【うま味調味料】「ひと味足りない」を劇的に解決！

世の中のすべてのたれに。入れすぎると風味や滋味深さのバランスがくずれてしまうので、ほんのひとつまみずつ入れて味見を。

例　どんなたれにも合いますが、特に油分を含んだ絶品ねぎ塩だれ(P. 40)、中華甘酢じょうゆだれ(P. 78)、本格よだれ鶏のたれ(P. 112)などに

【ラー油】辛味、香り、コクが料理のアクセントに

ごま油に唐辛子の風味と香りを移したラー油は、ほんの 1 滴でバツグンの存在感。ピリ辛アクセントが後を引くおいしさに。

例　濃厚トマトソース(P. 66)＋ラー油＝中華風アラビアータ、激ウマ自家製マヨネーズ(P. 130)＋花椒＋ラー油＝さきイカやかっぱえびせんにつけて

【ごま油】香り、コク、和風、中華感をオン

ごま特有の香ばしさは、食欲をそそるだけでなく、料理に深みと中華っぽさを加えてくれるまさに名脇役です。

例　味つけしょうゆだれ(P. 10)＋顆粒鶏ガラスープの素＋ごま油＋湯＝中華スープ、優秀スイートチリソース(P. 100)＋ごま油＝エスニック風ドレッシング

食材

インパクトのある食感、風味を残したいときにちょい足しすると、ぐっと深みが増す相性のいい6つの食材たち。

【アンチョビ】うま味、コク、洋風感が際立つ!

塩漬けしたカタクチイワシをオリーブ油に漬けたアンチョビは、独特のうま味と塩味が料理の味をキメてくれます。

例 万能味噌だれ(P. 24)+アンチョビ=アンチョビ味噌ディップ、濃厚トマトソース(P. 66)+オリーブ+アンチョビ=プッタネスカソース(パスタやピッツァに)

【梅干し】さっぱり感、酸味で和風の味つけ

果肉の甘さと酸味のさっぱり感で味のまとめ役に。種を取り除いて刻んだり、たたいたり、練ったりした梅干しを加え、一気に和テイストに。

例 味つけしょうゆだれ(P. 10)+練った梅干し=和風梅だれ(野菜などに)、本場サルサソース(P. 90)+カリカリ梅=肉・魚料理に

【白すりごま】クリーミーさ、コク、濃厚さがやみつきに!

香ばしさとクリーミーさが、たれにやさしい味わいをプラス。また、たれに粘度が出るので、食材との絡みもよくなります。

例 中華甘酢じょうゆだれ(P. 78)+白すりごま=担々ごまだれ、万能味噌だれ(P. 24)+白すりごま=ほうれん草の白和えなど

【刻みねぎ】食感、辛味、和風感をプラス

ツンとした辛味があり、さっぱりするのに、味に深みが出る二刀流。たっぷり入れることで食べごたえのあるたれに!

例 万能味噌だれ(P. 24)+刻みねぎ=ごはんや豆腐のお供に、激ウマ自家製マヨネーズ(P. 130)+刻みねぎ=たこ焼きなどにオン

【にんにく】ガッツリ感、香り、コクを出すのに不可欠

すりおろすと香りは強く、刻んで油で炒めると香ばしくなります。お好みやベースのたれによって使い分けを。

例 万能味噌だれ(P. 24)+おろしにんにく=山賊焼きのたれ、絶品ねぎ塩だれ(P. 40)+おろしにんにく+白炒りごま=ねぎ塩豚カルビ焼きのたれ

【しょうが】さっぱり、ピリッと、深みを見事に演出

刻んで生のままさっぱりと、刻んで炒めれば香りが立ち、すりおろしたら辛味がパンチに! 使い勝手がバツグンによい食材。

例 味つけしょうゆだれ(P. 10)+おろししょうが=しょうが焼きのたれ、優秀スイートチリソース(P. 100)+ケチャップ+おろししょうが=エビチリのたれ

ガチ勢向けに

ガチ勢の皆さんは、大葉やバジルなどのハーブ、クミン、花椒、五香粉《ウーシャンフェン》などのスパイスにぜひ挑戦していただきたいです。「何に入れてもおいしい」わけではないからこそ、意外な組み合わせを見つけて「得意料理は創作料理」と言っちゃいましょう。

たれさえあればこだわりの味になる

ラーメンスープをつくろう

料理好きの方なら、自宅でラーメンをつくってみたいと思ったことが一度はあるのではないでしょうか。僕も料理人として働く以前、何度か挑戦したのですが、ラーメン屋さんはおろか、市販のラーメンスープにすら敵《かな》わなくて絶望した記憶があります。

しかし、食べ歩きをしては自分で再現していくうちに、ラーメンスープの方程式を導き出しました。しかも、今回の神だれを応用するだけでも、いろいろなラーメンスープを完璧に完成させることができるので、少しだけ紹介します。

●ラーメンスープの基本方程式

うま味となる何らかのだしに、何らかのたれ(塩味・甘味)、何らかの油、何らかの香りを合わせます。
この「何らか」の組み合わせを変えることで、さまざまなラーメンスープをつくれます。

だし(素材)

・豚骨
・鶏ガラ
・煮干し
・昆布
・魚節
・香味野菜

＋

たれやソース

・味つけしょうゆだれ(P10)
・万能味噌だれ(P24)
・絶品ねぎ塩だれ(P40)
・濃厚トマトソース(P66)
・優秀スイートチリソース(P100)

＋

油

・ねぎ油
・にんにく油
・ラー油
・ラード

＋

香り

・にんにく
・しょうが
・長ねぎ
・スパイス
・カレー粉

たとえば…

しょうゆラーメン

◎材料(1人分)

長ねぎ(青い部分)…1本分
しょうが(薄切り)…2g(1枚)
鶏ガラスープ…500cc
味つけしょうゆだれ…35cc
ラード…5g(小さじ1強)

◎つくり方

1 鍋に長ねぎ、しょうが、鶏ガラスープを入れて強火にかけ、沸騰したら弱火にして10分煮込む。

2 長ねぎとしょうがを取り出し、味つけしょうゆだれとラードを加え、よく混ぜたら完成。

味噌ラーメン

◎材料(1人分)

長ねぎ(青い部分)…1/2本分
にんにく…5g(1片)
豚骨スープ…500cc
万能味噌だれ…50g
ラー油…5cc(小さじ1)

◎つくり方

1 鍋に長ねぎ、つぶしたにんにく、豚骨スープを入れて強火にかけ、沸騰したら弱火にして10分煮込む。

2 長ねぎとにんにくを取り出し、万能味噌だれとラー油を加え、よく混ぜたら完成。

ねぎ塩ラーメン

◎材料(1人分)

にんにく…5g(1片)
しょうが(薄切り)…2g(1枚)
一番だし…500cc
絶品ねぎ塩だれ…35g
塩…3g(小さじ1/2)
ねぎ油…5cc(小さじ1)

◎つくり方

1 鍋につぶしたにんにく、しょうが、一番だしを入れて強火にかけ、沸騰したら弱火にして10分煮込む。

2 にんにくとしょうがを取り出し、絶品ねぎ塩だれ、塩、ねぎ油を加え、よく混ぜたら完成。

ガチ勢向けに

ラーメンの世界は奥が深い。豚骨や鶏ガラでも清湯《チンタン》、白湯《パイタン》の違いもあれば、エビだしやベジポタスープ、魚粉を入れたり……と、無限の組み合わせがあります。ですが、基本の方程式は変わりません。僕は「豚骨魚介つけ麺」の研究中です。Let's ガチンコラーメン道!

手づくりせずにはいられない

極上鍋つゆをつくろう

家で鍋を食べるとき、鍋つゆはどうしていますか？　めんつゆや鍋つゆの素を使ったり、具材をゆでてポン酢やごまだれで食べたり……。もちろん完成度の高い市販のつゆもいいのですが、１人分だけつくりたい、いつも同じような味になってしまって面白味がない、そんな方も多いのではないでしょうか。そんな方に試してほしい、クオリティの高い鍋つゆを紹介します。

●鍋つゆの基本方程式

だし＋たれ（塩味・甘味・酸味）＋入れる具材から出る味、この足し算が基本の方程式です。
少し個性的な鍋にしたいときは、コチュジャンやカレーなどといったオプションを加えるのもアリです。

だしやスープ

・昆布だし
・一番だし
・鶏ガラスープ
・コンソメスープ
・ナンプラースープ

＋

たれやソース

・味つけしょうゆだれ（P10）
・万能味噌だれ（P24）
・濃厚トマトソース（P66）
・優秀スイートチリソース（P100）

＋

オプション

・コチュジャン（チゲ鍋）
・カレールー（カレー鍋）
・豆乳（味噌豆乳鍋）
・チーズ（〆の雑炊をグレードアップ）
・白すりごま（担々鍋やしゃぶしゃぶにも）
など

＋

具材

・鶏肉
・豚肉
・モツ
・つくね
・つみれ
・白身魚
・エビや牡蠣
など

◎つくり方

鍋は基本のだし（スープ）とたれ（ソース）を混ぜるだけ。鍋つゆの中で具材を煮れば、具材のだしも加わってさらにおいしくなります。しょうゆ系にはごぼうのだしが合いますし、鶏肉や豚肉、エビ、ホタテ、牡蠣など魚介から出るだしもいいですね。さらに、〆を雑炊にするか、うどんにするか、ラーメンにするか、卵やチーズを追加するのかなどなど……、自分で自由に組み立ててアレンジができるようになれば、毎日鍋でも飽きないかも！

たとえば…

ちゃんこ鍋

◎材料（2〜3人分）

ごぼう（ささがき）…75g（1/2本）
一番だし…600cc
味つけしょうゆだれ…50cc

味噌鍋

◎材料（2〜3人分）

しょうが（すりおろし）
…10g（1片分）
昆布だし…600cc
万能味噌だれ…80g

担々鍋

◎材料（2〜3人分）

鶏ガラスープ…600cc
白すりごま（もしくは白練りごま）
…20g
豆板醤…10g（大さじ1/2）
万能味噌だれ…80g

トマト鍋

◎材料（2〜3人分）

ミックスチーズ…適量
濃厚トマトソース…300g
顆粒コンソメスープの素
…20g（大さじ2強）
水…100cc

チゲ鍋

◎材料（2〜3人分）

白菜キムチ…150g
にんにく（薄切り）…5g（1片分）
鶏ガラスープ…600cc
コチュジャン
…30g（大さじ1と1/2弱）
味つけしょうゆだれ…30cc

タイスキ

◎材料（2〜3人分）

パクチーの根…2本分
にんにく（薄切り）…5g（1片分）
優秀スイートチリソース…50g
ナンプラー…30cc（大さじ2）
水…600cc
ごま油…5cc（小さじ1）

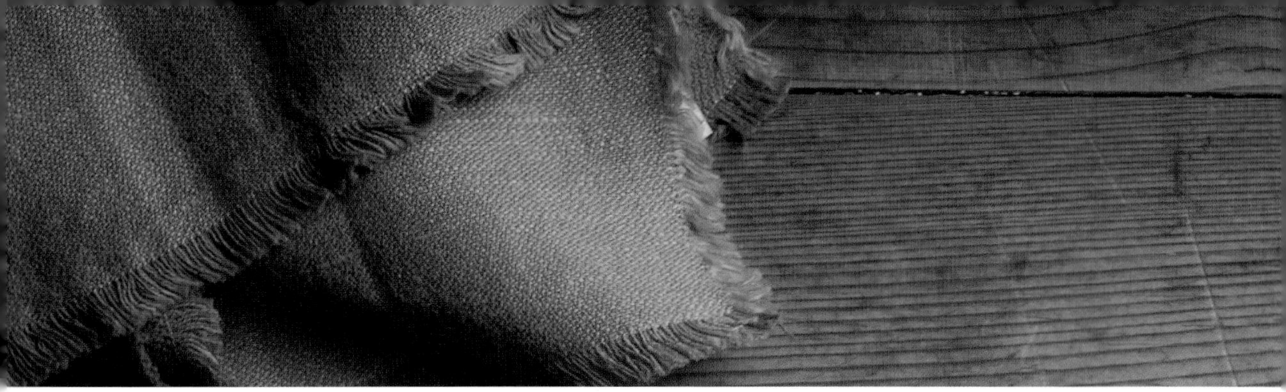

おわりに

「料理が好き」と言うと、昔から「得意料理は?」と聞かれてきました。お店を持つようになってからも、とにかく聞かれます。多分一生聞かれます。でも、実はすごく苦手な質問だったりします。特別得意な料理というのは特にないからです。

料理の勉強はすべて独学です。つくってみたい料理をおいしくつくる理論を調べて、実際に評判のよい店に行き、味を因数分解して、自分なりにもっとおいしくなる理論を組み込んで再構築し、再現してきました。満足がいく出来になったら次の料理へ……と繰り返してきました。ですから、しっかり勉強した料理は、手前味噌ながら全部おいしい、全部得意料理なのです。

学生時代に料理好き男子に得意料理を聞いたら、「パスタ」もしくは「チャーハン」と答える人が多かったように思います。なんだかその２つのメニューは毛嫌いしていました。

結局、今はパスタとチャーハンの解説動画で有名になってしまったので複雑な思いでいますが、今でも絶対に「パスタ」や「チャーハン」とは言いたくないのです(笑)。

では、「得意料理は?」の質問になんと答えていたのかというと、「たれ」です。

考えに考え抜いた結果、料理の本質は「味」であり、味つけさえよければどんな料理でも評価される。自分はそもそもさまざまな料理の味つけに自信がある、という結論に本気で至ってしまったのです。どう考えてもモテない考え方と答えです。

質問者はそういうことを聞いているんじゃないのだろうなとわかってはいるのですが、「道北ビジネスプランコンテスト」(北海道の北部エリアで創業を目指す人、新分野進出を検討している企業などを対象に、新しいビジネスプランを発表するコンテスト)に出場したときの審査委員長からの質問にもこう答えています。いつも答えた後の相手の訝《いぶか》しげな表情に申し訳なくなってしまうのですが、本書が発売されることは自分のアイデンティティが証明された気がして、とてもうれしく思っています。これからは、今までよりも胸を張って「たれです」と答えることができることでしょう。

ここまで読み進めていただいた皆さまは、おそらく12種の神だれを使い、もはや分量を自分好みに調整したり、“助演男優たち”を使ったりして、オリジナルのたれをつくっているかもしれません。

日本の調味料や加工食品のレベルは非常に高く、技術も常に進歩していますので、市販の「～の素」や「白だし」「コンソメ」なども積極的に使ってよいと思います。なんでもかんでもすべて自作しようと思うと、最終的にしょうゆのために大豆をつくったり、酢をつくるために米をつくったり、そのための土をつくったりすることになります。それはそれでとても楽しい世界な気がしますが、それは開発者や生産者の領分《りょうぶん》。料理をおいしくすることを楽しむためにも、僕は市販の調味料や加工食品も使っています。

どうか皆さんにも、日々の料理をおいしくすることを楽しんでもらい、本書がその一助になれば、と願ってやみません。

本書をここまで読んでいただき、本当にありがとうございました。最後は、現時点の私の料理に対するマインドを宣言して、締めさせていただきます。

料理は温度、料理は科学。ですが、そこに固執《こしつ》せず、大いなる余裕と自由を持って楽しみましょう！　答えはひとつじゃありません。自分なりの好みを見つけて、他人の料理を決して貶《おとし》めることなく、「幸せのための料理」をつくりましょう！

2021年2月吉日

COCOCORO　大西哲也

大西哲也（おおにし・てつや）

クッキングエンターテイナー。
1982年6月27日生まれ、A型。北海道本別町出身。自動車整備士、添乗員などさまざまな社会人経験を経て、独学で学んでいた料理で「人に喜んでもらう」をテーマに起業。飲食店経営とYouTubeにて、料理とエンターテインメントを届ける活動を続けている。ジャンルにとらわれず、世界中の料理を専門店レベルにするための、科学的視点を取り入れたわかりやすい調理法に定評がある。近年は、連載『俺のコラボカフェ（4 Gamer.net）』『なまらおいしいひと工夫（十勝毎日新聞）』のほか、調理器具の開発やプロデュースも手掛けたり、テレビやWEBメディアにも多数出演するなど、幅広く活躍中。YouTube『COCOCOROチャンネル』は登録者数34万人を突破している。著書に『COCOCORO大西哲也のドヤ飯』（大和書房）がある。

YouTube『COCOCOROチャンネル』

現役プロ料理人が、『専門店レベル』の料理のつくり方を理論的に楽しく解説。一般的なレシピではなかなか触れられない『調理科学』に基づき、「なぜこうするのか」「どうしてこれがいいのか」を詳しく説明。シェフとカメラマンが一緒に「会話」をすることで、楽しく、親しみやすく料理を学べることも魅力のひとつ。20〜40代の男性に圧倒的な支持を受け、2021年3月にはチャンネル登録者数34万人、再生回数5700万回を突破。他の料理系YouTuberとの親交も深く、業界を盛り上げながら料理の楽しさを発信し続けている。

YouTubeは
こちら

COCOCORO大西哲也の神だれ∞《無限》レシピ

2021年4月5日　第1刷発行

著　者　大《おお》西《にし》哲《てつ》也《や》
発行者　佐藤靖
発行所　大和《だいわ》書房
東京都文京区関口1-33-4
電話03（3203）4511
ブックデザイン　内村美早子（anemone graphic）
スタイリング　川﨑尚美
撮影　片桐圭（lingua franca）
編集協力　峯澤美絵
編集　滝澤和恵（大和書房）

印刷　歩プロセス
製本　ナショナル製本

ISBN 978-4-479-92146-2

http://www.daiwashobo.co.jp/